**Programa Bilingüe de Sadlier**
Acercándote a la fe

# ACERCÁNDOTE A JESUS

Dr. Gerard F. Baumbach

Dr. Eleanor Ann Brownell

Moya Gullage

Helen Hemmer, I. H. M.

Gloria Hutchinson

Dr. Norman F. Josaitis

Rev. Michael J. Lanning, O. F. M.

Dr. Marie Murphy

Karen Ryan

Joseph F. Sweeney

Patricia Andrews

con

**Dr. Thomas H. Groome**
Boston College

El Comité Ad Hoc de la Conferencia Nacional de Obispos Católicos, que supervisa el uso del Catecismo, consideró que esta serie está conforme con el *Catecismo de la Iglesia Católica.*

*Consultor Teológico*
   Reverendísimo Edward K. Braxton, Ph. D., S. T. D.
   Obispo Auxiliar de San Luis

*Consultor Espiritual*
   Rev. Donald Senior, C. P., Ph. D., S. T. D.

*Consultores de Liturgia y Catequesis*
   Dr. Gerard F. Baumbach
   Dr. Eleanor Ann Brownell

*Consultores de Pastoral*
   Rev. Msgr. John F. Barry
   Rev. Virgilio P. Elizondo, Ph. D., S. T. D.

*Traducción y adaptación*
   Dulce M. Jiménez-Abreu

*Consultores de Catequesis para la serie*
   José Alas
   Oscar Cruz
   Thelma Delgado
   María Cristina González, c.v.i.
   Rogelio Manríquez
   Rebeca Salem
   Yolanda Torres
   Leyda Vázquez

William H. Sadlier, Inc.
9 Pine Street
New York, New York 10005-1002
www.sadlier.com

# INDICE / CONTENTS

<table>
<tr><td>

## Primera unidad

### Nuestra fe católica

</td><td>

## Unit One

### Our Catholic Faith

</td></tr>
</table>

 **FE VIVA EN EL HOGAR Y EN LA PARROQUIA** incluida en cada capítulo

 **FAITH ALIVE AT HOME AND IN THE PARISH** is included in each chapter

# 1 | Creemos en Dios

Te damos gracias Señor, por las maravillas de tu creación.

## NUESTRA VIDA

Los grabados muestran tres viajes imaginarios por la maravillosa creación de Dios. Elige uno.

Puedes flotar entre el sol, las estrellas y la luna. Puedes hablar con los animales y aprender sus secretos. Puedes nadar como un pez en el agua y explorar las profundidades del mar.

¿Qué viaje quisieras hacer? ¿Por qué?

## COMPARTIENDO LA VIDA

¿Qué crees que verás, oirás y harás en tu viaje? Háblanos sobre ello.

¿Qué crees que aprenderás?

# 1 We Believe in God

## Our Life

Here are three make-believe journeys through the wonders of God's creation. Choose one.

You can soar among the sun and moon and stars. Or you can talk with the animals and birds and learn their secrets. Or you can swim underwater with fish and explore the depths of the sea.

Which trip would you like to take? Why?

## Sharing Life

What do you think you would see and hear and do on your journey? Tell about it.

What do you imagine you would learn?

7

## Creemos en Dios

Dios padre hizo buenas todas las cosas y a toda la gente.

Dios creó el día y la noche, la luz y la oscuridad, el sol, la luna y las estrellas. Dios creó mares, ríos, peces, plantas y animales.

Entonces Dios hizo al hombre. Dios estaba contento con lo que había hecho. Dios dijo: "Estas cosas son buenas".
Basado en Génesis 1:1–31; 2:7, 21–22

Los primeros humanos fueron llamados Adán y Eva. Ellos fueron los padres de la raza humana.

## We Believe in God

God the Father made everything
and everyone good.

God created day and night, light
and darkness, sun and moon
and stars. God created seas and
rivers, fish, plants, and animals.

Then God made people. God said,
"They are very good." God was
pleased with what He had made.
From Genesis 1:1–31; 2:7, 21–22

The first people were called
Adam and Eve. They were
the parents of the human
race.

9

## VOCABULARIO

**Divino** palabra usada sólo para describir a Dios.

Los primeros hombres que Dios creó se alejaron del amor de Dios. Ellos pecaron.

Dios Padre no dejó de amarlos. Dios prometió enviarles a alguien para que los salvara y les mostrara cómo amar a Dios nuevamente.

Muchos años después, Dios envió a Jesús, su Hijo. Jesús vino a enseñarnos a amar a Dios, a los demás y a nosotros mismos. Jesucristo es el mayor regalo de Dios para nosotros.

Jesús sabía que necesitaríamos ayuda. Así que nos envió al Espíritu Santo para que nos ayudara a amar a Dios, a los demás y a nosotros mismos.

Creemos en un solo Dios. Creemos que hay tres personas en un solo Dios, el Padre, el Hijo y el Espíritu Santo. Llamamos a estas tres divinas Personas, la Santísima Trinidad.

Porque somos bautizados compartimos la vida de la Santísima Trinidad. Somos hijos de Dios.

**Divine** is a word used only to describe God.

The first people God made turned away from His love. They sinned.

God the Father did not stop loving them. He promised to send someone to save them and to show them how to love God again.

Many years later God sent Jesus, the Son of God. Jesus came to save us from sin. Jesus came to teach us how to love God, others, and ourselves. Jesus Christ is God's greatest gift to us.

Jesus knew we would need a helper. So Jesus sent us the Holy Spirit to help us to love God, to love others, and to love ourselves.

We believe in one God. We believe that there are three Persons in one God: the Father, the Son, and the Holy Spirit. We call these three divine Persons the Blessed Trinity.

Because we are baptized we share in the life of the Blessed Trinity. We are God's own children.

## Acercandote a la Fe

Nombra algunas de las cosas que más te gustan de la creación de Dios. ¿Cómo podemos mostrar que estamos agradecidos de vivir en el maravilloso mundo de Dios?

¿Qué nos enseña Jesús, el Hijo de Dios, acerca de las formas en que debemos vivir?

¿Qué nos ayuda el Espíritu Santo a hacer?

## Viviendo la Fe

Cierra los ojos. Piensa en todo lo que Dios ha hecho por ti desde que te levantaste hoy. Piensa en algo bueno que harás por alguien hoy porque amas a Dios. Luego termina esta carta a Dios.

Querido Dios:

Gracias por tu _ayuda y mi familia_.

Yo haré hoy _cosas para mis familiar_.

Te amo, Dios _Josselyn Alvarenga_.

(Nombre)

Ahora vamos a hacer la Señal de la Cruz, una de nuestras oraciones a la Santísima Trinidad.

# Coming To Faith

Name some of your favorite things God created. How can we show that we are glad to be alive in God's wonderful world?

What does Jesus, the Son of God, teach us about the way we should live?

What does the Holy Spirit help us to do?

# Practicing Faith

Close your eyes. Think about what God has done for you since you woke up today. Think of something good you will do for someone today because you love God. Then finish this letter.

Dear God,
Thank You for _____.

I will _____.

I love You, God! _____.
(Print your first name.)

Now let us pray together the Sign of the Cross, one of our prayers to the Blessed Trinity.

# REPASO

Encierra en un círculo la respuesta correcta.

**1.** Llamamos a las tres Personas en un solo Dios

   Santísima Trinidad. _(circled)_     reino de Dios.

**2.** El Salvador prometido por Dios Padre fue

   María.                    Jesús. _(circled)_

**3.** Jesús envió para ayudarnos

   la Biblia.                 al Espíritu Santo. _(circled)_

**4.** Es la palabra que se usa sólo para describir a Dios

   creación.                  divino. _(circled)_

**5.** ¿Eres un seguidor de Jesús? Explícalo.

---

## FE VIVA EN EL HOGAR Y EN LA PARROQUIA

Esta lección le recuerda al niño los regalos de Dios, nuestro creador, y la promesa que nos hizo al principio de la historia de la humanidad. Esa promesa se cumplió en Jesucristo, nuestro Salvador. También enseña sobre la Santísima Trinidad: el Padre, el Hijo y el Espíritu Santo. La doctrina de la Santísima Trinidad es un dogma central de la fe católica. Este misterio nos enseña el amor de Dios por nosotros.

Creados a imagen y semejanza de Dios, somos llamados a compartir su vida en el Bautismo y el trabajo de Dios creador (Padre), redentor (Hijo) y santificador (Espíritu Santo) en nuestra familia, parroquia y el mundo.

### Llevando la palabra de Dios

Hablen de las formas en que pueden mostrar su amor a Dios en su hogar y en su parroquia. Planifiquen formas en que la familia puede cuidar de la creación de Dios.

### La Biblia

Muestre a su niño una Biblia. Prepare un lugar especial para la Biblia. Lea en familia Génesis 1:1-31 o el salmo 139. Compartan lo que la palabra de Dios significa para cada uno.

### Resumen de la fe

- Dios creó bueno a todo el mundo y a todas las cosas.
- La Santísima Trinidad significa que hay tres Personas en un Dios, el Padre, el Hijo y el Espíritu Santo.

# REVIEW ▪ TEST

Circle the correct answer.

**1.** We call the three Persons in one God the

Blessed Trinity.      kingdom of God.

**2.** The Savior promised by God the Father was

Mary.                 Jesus Christ.

**3.** The helper Jesus sent us was the

Bible.                Holy Spirit.

**4.** A word used only to describe God is

creation.             divine.

**5.** Are you a follower of Jesus?
Tell about it.

## FAITH ALIVE AT HOME AND IN THE PARISH

This week your child recalled the gifts of God our creator and the promise of hope that God gave at the beginning of human history. The promise was fulfilled in our Savior, Jesus Christ. Your child also learned about the Blessed Trinity: the Father, the Son, and the Holy Spirit. The doctrine of the Blessed Trinity is a central dogma of our Catholic faith. It always teaches us of God's great love for us.

Created in the image and likeness of God and then given a share in God's own life at Baptism, we are called to share in God's creative (Father), redeeming (Son), and sanctifying (Holy Spirit) work in our families, in our parish, in our world.

**Caring for God's World**

Talk about ways you can show your love for God at home and in your parish. Plan ways you and your family can care for all that God created.

**The Bible**

Show your child the family Bible. Make a special setting for your Bible. Read Genesis 1:1–31 or Psalm 139 with your family. Share together what this word of God means to you.

**Faith Summary**

- God created everyone and everything good.

- The Blessed Trinity means the three Persons in one God: the Father, the Son, and the Holy Spirit.

Jesús,
ayúdanos a
ser tus
discípulos.

## NUESTRA VIDA

Comparte una de tus historias favoritas sobre Jesús.

Si alguien te pregunta quién es Jesús, ¿qué le contestarías?

## COMPARTIENDO LA VIDA

¿Qué es lo que más te gusta de Jesús? ¿Por qué?

Habla de un día cuando te diste cuenta que Jesús estuvo contigo de forma especial.

Trabaja con un compañero y decide cuáles son las mejores formas de vivir como discípulo de Jesús.

# Jesus Christ Is God's Son

Jesus, help us to be Your followers.

## Our Life

Share a favorite story about Jesus.

If someone asks you who Jesus is, what will you say?

## Sharing Life

What do you like best about Jesus? Why?

Tell about a time when you knew that Jesus was with you in a special way.

Work with a partner and decide some of the best ways to live as a follower of Jesus.

## Hijo unico de Dios

Cuando Jesús tenía 12 años de edad, la Sagrada Familia, Jesús, María y José, viajaron a Jerusalén para una gran celebración en el Templo.

Después de la celebración, María y José regresaban a Nazaret. Pensaron que Jesús estaba con sus amigos. Cuando se dieron cuenta que Jesús no estaba con ellos se devolvieron a buscarle. Lo encontraron en el Templo, hablando con los doctores de la Ley.

María dijo a Jesús: "Hijo, ¿por qué no viniste con nosotros?" Jesús le contestó: "¿No sabes que tengo que estar en la casa de mi padre?"
Basado en Lucas 2:41-49

Jesús empezó a mostrar a la gente que él era el Hijo de Dios.

## God's Own Son

When Jesus was twelve years old, the Holy Family—Jesus, Mary, and Joseph—traveled to Jerusalem for a great celebration in the Temple.

Afterward, Mary and Joseph started back to Nazareth. They thought Jesus was with their friends. When they found out that He was not, they hurried back to look for Him. They found Jesus in the Temple, talking with the great teachers.

Mary said to Jesus, "Son, why didn't You come home with us?" Jesus answered, "Didn't you know that I had to stay in the Temple to do My Father's work?"
From Luke 2:41–49

Jesus was beginning to show people that He was God's own Son.

El **Templo** era el lugar más santo donde el pueblo judío rendía culto a Dios.

Cuando Jesús tenía aproximadamente treinta años, viajó por todas partes anunciando el amor de Dios a la gente. El ayudó a los pobres, a los enfermos y a los que estaban en necesidad. Perdonó a los pecadores. El hizo milagros, cosas maravillosas que sólo Dios podía hacer, él mostró a la gente el amor de Dios.

Muchos no creyeron que Jesús era el Hijo de Dios. Algunos querían matarlo.

Un día, Jesús fue arrestado. Luego fue crucificado en una cruz. Su madre, María, y algunos de sus amigos estuvieron con él. Llamamos Viernes Santo al día en que recordamos la muerte de Jesús.

Tres días después, el Domingo de Resurrección, algo maravilloso pasó. Jesús resucitó de la muerte.

¡Qué maravilloso es Jesús! Porque Jesús era humano, nos mostró cómo vivir. Porque era el Hijo de Dios, nos salvó del pecado y nos dio una nueva vida.

The **Temple** was the most holy place where Jewish people worshiped God.

When Jesus was about thirty years old, He traveled everywhere telling people about God's love. He helped the poor, the sick, and people in need. He forgave people's sins. He worked miracles, wonderful things that only God can do, to show the people God's love.

Some people did not believe that Jesus was God's Son. Some people even wanted to kill Jesus.

One day, Jesus was arrested. Then He was nailed to a cross. His mother, Mary, and some of His friends were there. We call the day Jesus died Good Friday.

Three days later, on Easter Sunday, something wonderful happened. Jesus rose from the dead!

How wonderful Jesus is! Because He was human, Jesus showed us how we should live. Because He was the Son of God, He saved us from sin and brought us new life.

# ACERCÁNDOTE A LA FE

Usa estas palabras para completar las oraciones y encuentra la palabra escondida.

nos     es     resucitó     murió     Jesús

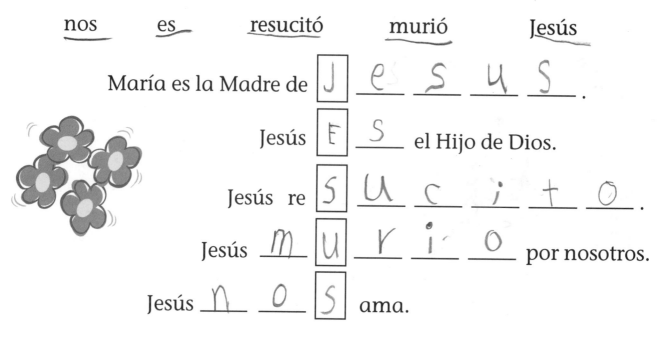

María es la Madre de | J | e s u s .

Jesús | E | s el Hijo de Dios.

Jesús re | S | u c i t o .

Jesús m | u | r i o por nosotros.

Jesús n o | s | ama.

De lo que aprendiste en esta lección,
¿qué fue lo que más te gustó?
Explica por qué.

## VIVIENDO LA FE

Piensa en alguien que necesita de tu amor hoy.
Encierra en un círculo cómo mostrarás tu amor.

- sonriendo o abrazando a alguien

- visitando a alguien que está solo

- dando algo a algún necesitado

†Ahora vamos a rezar: Jesús, ayúdanos
a mostrar tu amor _____ . (Túrnense)

# COMING TO FAITH

Complete the sentences from the words below to find the hidden word.

us      Jesus      Sunday      died      Son

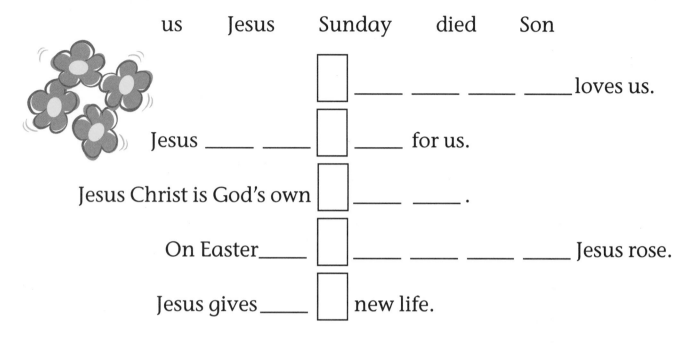

____ ____ ____ ____ loves us.

Jesus ____ ____ ____ for us.

Jesus Christ is God's own ____ ____.

On Easter ____ ____ ____ ____ ____ Jesus rose.

Jesus gives ____ new life.

What was your favorite thing you learned about Jesus in this lesson? Tell why.

# PRACTICING FAITH

Think of someone who needs your love today.

Circle how you will show your love.

- give a smile or a hug
- visit someone who is lonely
- give something to a needy person

† Now pray together: Jesus, help us to show our love by _____. (Take turns.)

# REPASO

Encierra en un círculo la respuesta correcta.

1. Hace mucho tiempo los judíos adoraban a Dios en un lugar santo llamado

   **Templo.**                    Iglesia.

2. Jesús es el _____ de Dios.

   amigo                    **Hijo**

3. El día en que Jesús murió lo llamamos

   Domingo de                    **Viernes Santo.**
   Resurrección.

4. Jesús resucitó de la muerte

   **el Domingo de                    en Navidad.**
   Resurrección.**

5. Explica cómo tratarás hoy de cumplir la Ley del Amor.

## FE VIVA EN EL HOGAR Y EN LA PARROQUIA

Esta lección enseña que Jesucristo es verdaderamente Dios y hombre. Jesús es el rostro humano de Dios, mirando eternamente hacia nosotros con infinito amor. El vino a mostrarnos la misericordia de Dios, "a traer buenas nuevas a los pobres, para anunciar a los cautivos su libertad". (Lucas 4:18)

Jesús fue igual que nosotros en todo menos en el pecado, compartiendo nuestros sentimientos humanos, nuestro gozo y penas. Jesús es Emanuel, Dios con nosotros.

**Compartiendo amor**

Ayude a su niño a dibujar y pegar en una tarjeta una flor o una mariposa. Anímele a escribir en ella "Jesús te ama" y dar la tarjeta a alguien en necesidad de escuchar esas palabras.

**Resumen de la fe**

- Jesucristo es el Hijo de Dios.

- Jesús nos dio nueva vida.

24

# REVIEW ▪ TEST

Circle the correct answer.

**1.** A long time ago the Jewish people worshiped God in a holy place called the

     Temple.                  Church.

**2.** Jesus was God's own

     Friend.                  Son.

**3.** Jesus died on the day we call

     Easter Sunday.        Good Friday.

**4.** Jesus rose from the dead on

     Christmas.            Easter.

**5.** Tell one way you will try to follow the Law of Love today.

# FAITH ALIVE AT HOME AND IN THE PARISH

This week your child learned that Jesus Christ is fully God and fully human. Jesus is the human face of God, eternally turned toward us with unconditional love. He came among us to show us God's mercy, "to bring good news to the poor, to proclaim liberty to captives, and freedom to the oppressed" (Luke 4:18).

He was like us in all things but sin, sharing our human feelings, our human joys and sorrows. Jesus is Immanuel—God with us.

**Sharing Love**

Help your child make a flower or a butterfly and paste it on a card. Encourage him or her to write "Jesus loves you" on the back and give it to someone who needs to hear these words.

**Faith Summary**

- Jesus Christ is God's own Son.
- Jesus gives us new life.

# El Espíritu Santo nos ayuda

Espíritu Santo, ayúdanos a conocer y a seguir a Jesús.

## NUESTRA VIDA

Algunas veces tengo miedo
de tener pesadillas en las noches.
Mi madre me oye llorar
y enciende la luz de mi cuarto.

"Es sólo un sueño", me susurra,
y con cariño me toca las mejillas,
y antes de darme cuenta, me siento
seguro y me quedo dormido.

¿Qué cosas te hacen sentir miedo?

¿Quién te ayuda a vencer tus miedos?

## COMPARTIENDO LA VIDA

Piensa en un momento en que sentiste miedo. ¿Te ayudó alguien? Cuéntanos.

Juntos hablen de ello. ¿Nos ayuda Dios cuando tenemos miedo? ¿Cómo?

# 3  The Holy Spirit Is Our Helper

Holy Spirit, help us to know and follow Jesus.

## Our Life

Sometimes I am afraid
Of scary dreams at night.
My mother hears me crying
And turns on the bedroom light.

"It's just a dream," she whispers,
And gently pats my cheek.
And soon—before I know it,
I feel safe and fall asleep.

What things make you afraid?

Who helps you get over your fears?

## Sharing Life

Think of a time when you were very scared. Did someone help you? Tell about it.

Then talk together about this. Does God help us when we are afraid? How?

27

## El Espíritu Santo viene

Llegó el momento de Jesús regresar a su Padre. El sabía que sus amigos tendrían miedo, así que prometió enviarles a alguien que les ayudara, el Espiritu Santo. El día en que celebramos la venida del Espíritu Santo es llamado Pentecostés.

Los amigos de Jesús estaban reunidos en un cuarto grande. Ellos tenían miedo. De repente un fuerte viento llenó la habitación. Luego, lo que parecía como pequeñas llamas se posaron sobre la cabeza de cada uno. Los amigos de Jesús supieron que era una señal de que el Espíritu Santo había venido en su ayuda.

Basado en Hechos de los Apóstoles 2:1–12

De ahí en adelante los amigos de Jesús no volvieron a sentir miedo. El Espíritu Santo les había dado nuevas fuerzas para seguir a Jesús. Ellos salieron a decir a todo el mundo la buena nueva de Jesús.

## The Holy Spirit Comes

It was time for Jesus to return to His Father. Jesus knew His friends would be afraid without Him so He promised to send them a helper, the Holy Spirit. The day the Holy Spirit came is called Pentecost.

Jesus' followers were gathered in a large room. They were afraid. Suddenly a strong wind filled the house. Then what looked like tiny flames of fire settled over each of them. Jesus' friends knew this was a sign that the Holy Spirit had come to help them.

From Acts 2:1–12

Jesus' friends no longer felt afraid. The Holy Spirit had given them new courage to follow Jesus. They ran out to tell everyone the good news of Jesus.

**Bautismo** es el sacramento por medio del cual nos hacemos hijos de Dios y miembros de la Iglesia.

Pedro, el líder, dijo: "Conviértanse y háganse bautizar cada uno de ustedes en el nombre de Jesucristo, para que sus pecados sean perdonados. Y Dios les dará el Espíritu Santo".

Ese día se bautizaron más de tres mil personas. Se hicieron cristianos, seguidores de Jesucristo.

Basado en Hechos de los Apóstoles 2:38–42

## Inicios de nuestra Iglesia

Esos cristianos fueron los primeros miembros de la Iglesia de Jesús. Pedro fue el primer líder de la Iglesia. Hoy el Santo Padre, el papa, es el líder de la Iglesia Católica.

El Espíritu Santo sigue con nosotros hoy. En el Bautismo recibimos el Espíritu Santo, compartimos la vida de Dios y nos hacemos miembros de la Iglesia. Somos cristianos, seguidores de Jesucristo.

El Espíritu Santo viene a nosotros de manera especial durante el sacramento de la Confirmación. El Espíritu Santo nos ayuda a seguir a Jesús y a compartir con otros nuestra fe en él.

**Baptism** is the sacrament by which we become children of God and members of the Church.

Peter, their leader, said, "Each one of you must be baptized in the name of Jesus Christ. The Holy Spirit will help you to know and follow Jesus."

That day three thousand people were baptized. They became Christians, followers of Jesus Christ.
From Acts 2:38–42

## Our Church Begins

These Christians were the first members of Jesus' Church. Peter became the first leader of the Church. Today our Holy Father, the pope, is the leader of the Catholic Church.

The Holy Spirit is still with our Church today. At Baptism we received the Holy Spirit and became sharers in God's life and members of the Church. We are Christians, followers of Jesus Christ.

The Holy Spirit comes to us in a special way in the sacrament of Confirmation. The Holy Spirit helps us to follow Jesus and share our faith in Him with others.

## ACERCANDOTE A LA FE

Piensa que eres Pedro hablando a la multitud el primer día de Pentecostés. Háblale sobre la venida del Espíritu Santo. Dile cómo puede seguir a Jesús.

## ESPIRITU SANTO

El Espíritu Santo bino por tapar el syelo y como fuego.

## VIVIENDO LA FE

Este escudo del Espíritu Santo nos recuerda que él nos ayuda. Escribe en el escudo cómo quieres que el Espíritu Santo te ayude esta semana.

Recemos la siguiente oración.

Ven Espíritu Santo, muéstranos el camino. Ayúdanos a ser amigos de Jesús hoy. Ayúdanos a ser siempre justos. Que tus dones nos ayuden a llevar paz.

# COMING TO FAITH

Pretend you are Peter talking to the crowd of people on the first Pentecost. Tell them about the coming of the Holy Spirit. Tell them how they can follow Jesus.

## HOLY SPIRIT

_____

_____

_____

# PRACTICING FAITH

The Holy Spirit shield can remind us that the Holy Spirit helps us. On the shield write one way you will ask the Holy Spirit to help you this week.

Say this prayer together.

Come, Holy Spirit, show us the way.
Help us be friends of Jesus today.
Help us be fair in all that we do.
Your gifts help us be peacemakers too.

# REPASO

Encierra en un círculo la respuesta correcta.

**1.** Nos hacemos miembros de la Iglesia por

(el Bautismo.)                la Confirmación.

**2.** El Espíritu Santo vino a los discípulos de Jesús en

(Pascua.)                Pentecostés.

**3.** El Espíritu Santo ayudó a los amigos de Jesús a empezar la

(Iglesia.)                Santísima Trinidad.

**4.** El primer guía de la Iglesia fue

Andrés.                (Pedro.)

**5.** Nombra una forma en que puedes fomentar la paz.

## FE VIVA EN EL HOGAR Y EN LA PARROQUIA

En esta lección los niños aprendieron que el Espíritu Santo apareció a los discípulos de Jesús como el Paráclito, el Ayudante, quien los ayudaría a formar la Iglesia. Hable con su niño sobre los sacramentos del Bautismo y la Confirmación y lo que significa ser discípulo de Jesús. Recuérdele que el Espíritu Santo nos da el valor de vivir según Jesús nos enseñó. El Espíritu Santo está siempre con nosotros y nos ayuda a llevar a cabo el trabajo de Jesús en el mundo.

**Compartiendo la buena nueva**

Pedro y los primeros cristianos viajaron por todo el mundo para difundir la buena nueva (el evangelio) de Jesús. Tenga una sesión de buenas noticias en la casa con los niños compartiendo sus historias favoritas de Jesús.

**Una oración al Espíritu Santo**

Hagan esta oración en familia.

†Dios, Espíritu Santo, ayúdanos a ser justos unos con otros. Ayúdanos a trabajar por la paz como lo hizo Jesús.

**Resumen de la fe**

- El Espíritu Santo vino a los seguidores de Jesucristo en Pentecostés.

- El Espíritu Santo nos ayuda a creer en Jesús y a vivir como Jesús nos enseñó.

# REVIEW ■ TEST

Circle the correct answer.

**1.** We become members of the Church through

Confirmation.          Baptism.

**2.** The Holy Spirit came to Jesus' followers on

Easter.          Pentecost.

**3.** The Holy Spirit helped Jesus' friends begin the

Church.          Blessed Trinity.

**4.** The first leader of the Church was

Andrew.          Peter.

**5.** Tell one way you will be a peacemaker.

## FAITH ALIVE AT HOME AND IN THE PARISH

Your child has learned that at Pentecost the Holy Spirit came to guide the Church. Talk to your child about the sacraments of Baptism and Confirmation and what it means to share in God's own life and to be a follower of Jesus. Remind him or her that the Holy Spirit gives us the courage to live the way Jesus taught and showed us. Share memories of your own Confirmation when you were sealed with the Gift of the Holy Spirit.

### Sharing Good News Stories

Peter and the early Christians traveled far and wide to spread the good news (gospel) of Jesus. Have a "Good News Headlines" session at home. Share highlights of your favorite Jesus stories or sayings with one another.

### A Prayer to the Holy Spirit

Pray this prayer with your family.

† God, the Holy Spirit, help us to be fair to one another. Help us to be peacemakers like Jesus.

### Faith Summary

- The Holy Spirit came to the followers of Jesus Christ on Pentecost.

- The Holy Spirit helps us to believe in Jesus and to live as Jesus shows us.

# 4 Pertenecemos a la Iglesia Católica

Querido Jesús, ayúdanos a ser buenos miembros de la Iglesia.

## NUESTRA VIDA

Aquí con nuestros amigos
es donde nos gusta estar.
Todos somos bienvenidos
especialmente tú y yo.

Todos somos bienvenidos,
nadie es rechazado.
¿Quieres unirte a nosotros?
¡Ven a jugar!

Descubre el mensaje escondido en la cinta y escríbelo aquí.

_____

¿Te gustaría pertenecer a este club? ¿Por qué? ¿Por qué no?

¿Qué tipo de miembro serías?

Bienvenido

## COMPARTIENDO LA VIDA

Junto a Jesús, ¿a qué grupo especial perteneces?

¿Qué clase de miembro quiere Jesús que seas?

# 4  We Belong to the Catholic Church

Dear Jesus, help
us to be good
members of
Your Church.

## Our Life

Here with our club friends
Where we like to be,
Everyone's welcome,
Especially you and me.

Everyone's welcome—
No one's turned away.
Won't you come join us?
Come by us and play!

Find the hidden message
in the picture. Write it here.

_____

_____

Would you like to belong to
this club? Why or why not?

What kind of a member
would you be?

## Sharing Life

To what special group do
you belong with Jesus?

What kind of member does
Jesus want you to be?

## Nuestra Iglesia Católica

Jesús invita a sus seguidores a formar un grupo especial, o comunidad. Jesús quiere que ellos conozcan el gran amor de Dios y que lo compartan con todo el mundo. La comunidad de los seguidores de Jesús es llamada Iglesia.

Jesús escogió guías para su Iglesia. Los primeros guías fueron llamados apóstoles. Pedro fue la cabeza de los apóstoles.

Hoy nuestro papa y los obispos continúan el trabajo de Pedro y los apóstoles. Ellos son las cabezas de la Iglesia Católica. Ellos nos ayudan a vivir nuestra fe católica y a seguir el trabajo de Jesús.

Nuestra Iglesia Católica está presente en todo el mundo. Por el Bautismo nos hacemos hijos de Dios y miembros de la comunidad de Jesús, la Iglesia.

## Our Catholic Church

Jesus invited His followers to form a special group, or community. Jesus wanted them to know about God's great love and to share it with all people. The community of Jesus' followers is called the Church.

Jesus chose leaders for His Church. The first leaders were called apostles. Peter was the leader of the apostles.

Today our pope and bishops continue the work of Peter and the apostles. They are our leaders in the Catholic Church. They teach us how to live our Catholic faith and to carry on the work of Jesus.

The Catholic Church is all over the world. At Baptism, we become children of God and members of Jesus' community, the Church.

39

## Servimos y rezamos

Jesús nos enseñó a ser buenos miembros de su Iglesia. El nos dijo: "Amense unos a otros como yo los he amado. Así los demás sabrán que son mis discípulos".
Basado en Juan 13:34–35

Jesús pide a los miembros de su Iglesia amarse y servirse unos a otros y a todo el mundo. También nos pide que juntos alabemos y rezemos a Dios.

Hoy en la Iglesia Católica juntos alabamos en la misa. También tratamos de mostrar al mundo, con nuestro amor y preocupación por los demás, que somos seguidores de Jesús.

Estas son algunas cosas que Jesús hizo:

- Amó mucho a los niños.

- Se preocupó por todo el mundo, especialmente los pobres y necesitados.

- Jesús enseñó a la gente a rezar.

- Jesús mostró cómo tratar justamente a los demás.

## We Serve and Pray

Jesus taught us how to be good members of His Church. Jesus said, "Love one another as I have loved you. This is how people will know that you are My followers."
From John 13:34–35

Jesus asks the members of His Church to love and serve one another and all people. He asks us to pray and worship God together.

Today in the Catholic Church, we worship God together at Mass. We also try to show the world, by our love and care for others, that we are followers of Jesus.

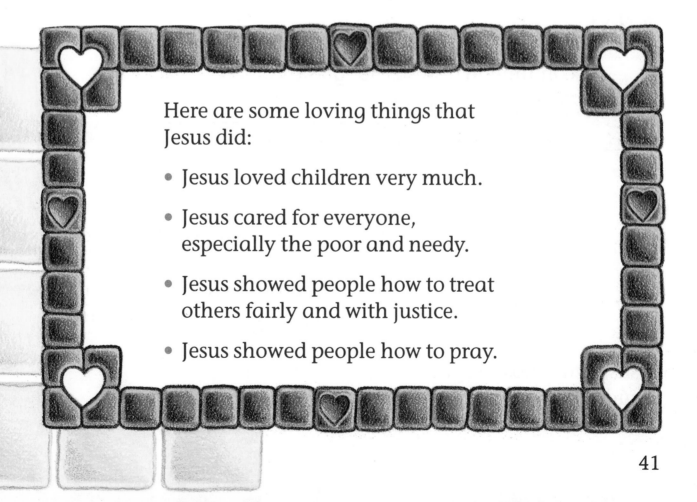

Here are some loving things that Jesus did:

- Jesus loved children very much.

- Jesus cared for everyone, especially the poor and needy.

- Jesus showed people how to treat others fairly and with justice.

- Jesus showed people how to pray.

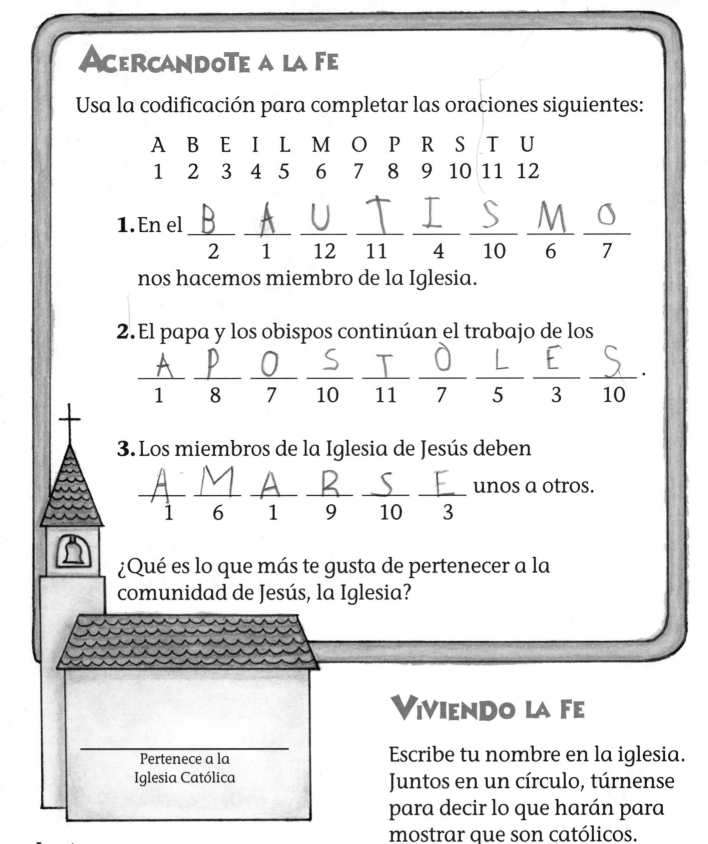

## Acercandote a la Fe

Usa la codificación para completar las oraciones siguientes:

| A | B | E | I | L | M | O | P | R | S | T | U |
|---|---|---|---|---|---|---|---|---|---|---|---|
| 1 | 2 | 3 | 4 | 5 | 6 | 7 | 8 | 9 | 10 | 11 | 12 |

**1.** En el  B  A  U  T  I  S  M  O
           2  1  12 11  4  10  6  7
nos hacemos miembro de la Iglesia.

**2.** El papa y los obispos continúan el trabajo de los
    A  P  O  S  T  O  L  E  S  .
    1  8  7  10 11  7  5  3  10

**3.** Los miembros de la Iglesia de Jesús deben
    A  M  A  R  S  E  unos a otros.
    1  6  1  9  10  3

¿Qué es lo que más te gusta de pertenecer a la comunidad de Jesús, la Iglesia?

Pertenece a la
Iglesia Católica

## Viviendo la Fe

Escribe tu nombre en la iglesia. Juntos en un círculo, túrnense para decir lo que harán para mostrar que son católicos.

Juntos recen:

† Jesús, ayúdanos a seguirte.
Ayúdanos a ser buenos
miembros de tu Iglesia. Amén.

# COMING TO FAITH

Use this code to complete the sentences below.

| A | B | E | I | L | M | O | P | R | S | T | V |
|---|---|---|---|---|---|---|---|---|---|---|---|
| 1 | 2 | 3 | 4 | 5 | 6 | 7 | 8 | 9 | 10 | 11 | 12 |

**1.** In ___ ___ ___ ___ ___ ___ ___
        2   1   8   11   4   10   6
we become members of the Church.

**2.** The pope and bishops continue the work of the

___ ___ ___ ___ ___ ___ ___ ___.
 1   8   7   10   11   5   3   10

**3.** Members of Jesus' Church are

to ___ ___ ___ ___ one another.
    5   7   12   3

What do you like best about belonging to Jesus' community, the Church?

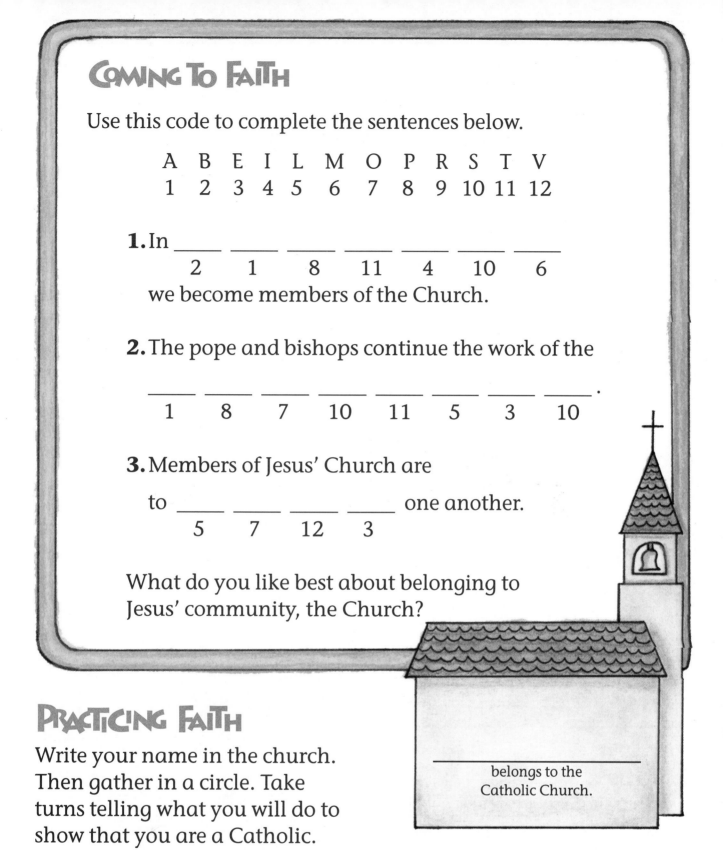

# PRACTICING FAITH

Write your name in the church. Then gather in a circle. Take turns telling what you will do to show that you are a Catholic.

_____
belongs to the
Catholic Church.

Pray for one another.

✝ Jesus, help us to follow You. Help us to be good members of Your Church. Amen.

# REPASO

Encierra en un círculo **si** o **no**. Encierra en el signo **?**
si no estás seguro.

**1.** Los católicos son bautizados.   (Sí)   No   ?

**2.** Jesús nos enseñó a ser justos.   (Sí)   (No)   ?

**3.** Jesús enseñó a sus amigos a rezar
sólo por ellos.   Sí   (No)   ?

**4.** En la Iglesia Católica nuestra
mayor oración es la misa.   (Sí)   No   ?

**5.** Explica una forma en que puedes hacer lo que Jesús
nos enseñó.

## FE VIVA EN EL HOGAR Y EN LA PARROQUIA

Esta semana seguimos poniendo particular atención en lo que significa ser miembro de la Iglesia. El Concilio Vaticano II recordó a los católicos que, por el Bautismo, somos llamados a participar activamente en la vida y ministerio de la Iglesia, rezando y sirviendo. He aquí algunas cosas que pueden hacer para ayudar a su niño a entender más profundamente lo que significa ser parte del pueblo de Dios.

### Servimos a otros

Hablen acerca de la Iglesia Católica como el pueblo de Dios. Hablen de las diferentes formas en que los católicos se ayudan unos a otros en la parroquia o en el vecindario.

### La misa

Pida al niño dibujar al pueblo de Dios reunido en la misa. Anímele a rezar, cantar, a ser reverente y a comportarse bien cuando esté en la misa.

### Resumen de la fe

- La Iglesia Católica existe en todo el mundo.
- Como cristianos tratamos de vivir como Jesús nos enseñó.

# REVIEW ▪ TEST

Circle the correct answer, **Yes** or **No**.
Circle the **?** if you don't know.

**1.** Catholics are baptized.                                   **Yes**   **No**   **?**

**2.** Jesus shows us how to be fair.                       **Yes**   **No**   **?**

**3.** Jesus taught His friends to
pray only for themselves.                              **Yes**   **No**   **?**

**4.** In the Catholic Church our
greatest prayer is the Mass.                         **Yes**   **No**   **?**

**5.** Tell one way you can do what Jesus taught us.

# FAITH ALIVE AT HOME AND IN THE PARISH

This week your child continues to learn about what it means to be a member of the Church. The Second Vatican Council reminded Catholics that by our Baptism we are called to participate actively in the life and ministry of the Church—both in prayer and in service. Here are some things you can do to help your child understand more fully what it means to be part of the people of God.

**We Serve Others**

Talk together about the Catholic Church as the people of God. Talk about different ways Catholics serve one another in your parish church or in your neighborhood.

**The Mass**

Ask your child to draw a picture of God's people gathered together at Mass. Encourage your child to pray, sing, be reverent, and well-behaved whenever he or she goes to Mass.

**Faith Summary**

- The Catholic Church is all over the world.

- As Christians we try to live as Jesus taught us.

Jesús, ayúdanos
a seguirte en
nuestra familia
parroquial.

## Nuestra Vida

David estaba contando a Eduardo sobre su terrible hermanito.

"Yo pensaba lo mismo del mío; pero daría cualquier cosa por tener a mi familia de nuevo. Mi hermanito y yo fuimos separados después de la muerte de mis padres. Estoy en un orfanato. Mi tía está tratando de adoptarnos pero todavía no ha tenido éxito", le contestó Eduardo.

¿Cómo crees que se siente Eduardo sin su familia?

¿Cómo crees que se sintió David al oír a Eduardo? ¿Cómo te sientes tú acerca de esta historia?

¿Algún miembro de tu familia te ha hecho sentir feliz, triste o enojado?

## Compartiendo la Vida

Habla de lo bueno de tener una familia.

¿Cómo quiere Dios que vivas en tu familia parroquial?

# 5 | We Belong to Our Parish

Jesus, help us to follow You in our parish family.

## Our Life

Dave was telling Ed about what a terrible little brother he had.

"I used to say that about my little brother, too," Ed said. "But I'd do anything to have my whole family back together again. My brother and I were split up after my parents died. I'm in a foster home now. My aunt is trying to get us together, but so far she hasn't been able to."

How do you think Ed felt about not being with his family anymore?

How do you think Dave felt about Ed's story? How do you feel about it?

Does a family member ever make you feel happy? sad? angry?

## Sharing Life

Tell what is best about having a family.

How does God want us to live in our parish family?

## Nuestra familia parroquial

En nuestra gran comunidad católica, Dios nos ha dado una familia especial. Le llamamos nuestra familia parroquial. Incluye a todos los católicos que viven en nuestro vecindario.

Jesús quiere que cada familia parroquial, en la Iglesia Católica, continúe su misión. Esto quiere decir traer el reino de Dios a la tierra. Ayudamos a traer el reino de Dios amando a Dios, a nosotros mismos y a los demás.

Nuestra familia parroquial continúa el trabajo de Jesús cuando nos ayudamos unos a otros a vivir como Jesús vivió. Nuestra parroquia nos ayuda a preocuparnos por los enfermos, los que están solos y los pobres. Tratamos de ser pacíficos y tratamos a todos justamente.

## Our Parish Family

In our big Catholic community, God gives us a special family all our own. We call this our parish family. It includes all the Catholics who live in our neighborhood.

Jesus wants each parish family in the Catholic Church to continue His work, or mission. This means bringing about God's kingdom on earth. We help bring about God's kingdom by loving God, ourselves, and others.

Our parish family continues Jesus' mission when we help one another to live as Jesus did. Our parish helps us to care for the sick, the lonely, and the poor. We try to be peacemakers and to treat everyone fairly.

**Sacramento** es un signo poderoso de que Jesús está con nosotros, compartiendo la vida y el amor de Dios.

Juntos, en nuestra parroquia, rezamos y adoramos a Dios. En ella nos reunimos para celebrar la misa y los sacramentos.

He aquí algunos de los sacramentos que celebramos en nuestra parroquia:

**Bautismo** Es el sacramento por medio del cual nos hacemos hijos de Dios y miembros de la comunidad cristiana.

**Confirmación** Es el sacramento en que el Espíritu Santo viene a nosotros de manera especial para ayudarnos a vivir nuestra fe.

**Eucaristía** Es el sacramento en que recordamos y celebramos que Jesús nos salvó con su vida, muerte y resurrección.

**Reconciliación** Sacramento en que el sacerdote perdona nuestros pecados en nombre de Jesús.

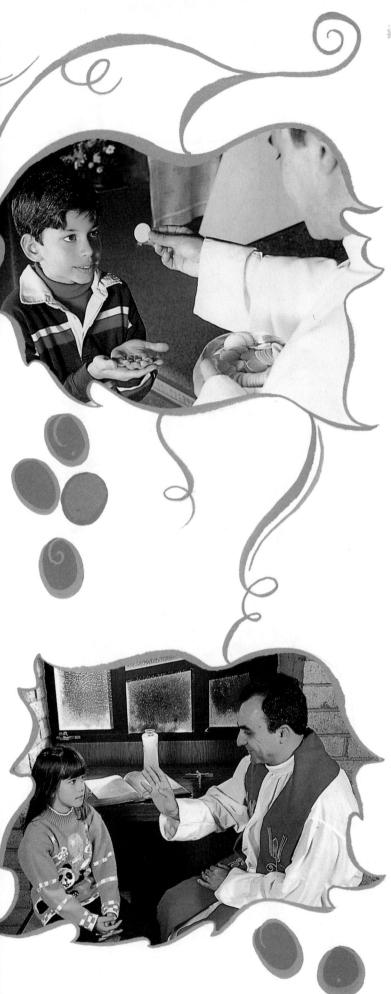

A **sacrament** is a powerful sign that Jesus is with us, sharing God's life and love.

We pray and worship God together in our parish church. We gather there for Mass and to celebrate the sacraments.

Here are some sacraments we celebrate in our parish church:

**Baptism** In this sacrament we become children of God and members of the Christian community.

**Confirmation** In this sacrament the Holy Spirit comes to us in a special way to help us live our faith.

**Eucharist** In this sacrament we remember and celebrate that Jesus saved us by His life, death, and resurrection.

**Reconciliation** In this sacrament the priest forgives our sins in the name of Jesus.

51

## ACERCANDOTE A LA FE

Vamos a decidir: ¿qué es lo que más te gusta de la Iglesia Católica? ¿Por qué?

¿Cómo celebra nuestra parroquia?

Háblanos de cómo diferentes personas en la parroquia pueden ayudar a llevar el reino de Dios a nuestro vecindario.

Mi familia   El párroco   El catequista

Nombra otras personas que ayudan en la parroquia.

Habla de lo que podemos hacer en nuestra familia parroquial.

## VIVIENDO LA FE

Detente un ratito. Piensa en las formas en las que ayudarás a tu familia parroquial a crecer como una comunidad de seguidores de Jesús durante esta semana. Prepárate a contestar durante nuestra sesión de canto.

(Con la tonada de Los pollitos dicen)

♫ Esta es nuestra iglesia,
    vamos todos a entrar, orando
y cantando justo hasta el altar.

Jesús nos espera para conversar
    él es nuestro amigo, siempre lo será.
Sus puertas abiertas por siempre estarán,
    para todo aquel que a ella quiera entrar. ♫

## Coming To Faith

Let's decide: what do you like best about our parish? Why?

How does our parish celebrate?

Tell how these different people in the parish can help bring about the kingdom of God in our neighborhood.

My Family   Pastor   Catechist

Name other persons who help in your parish.

Tell what we can do in our parish family.

## Practicing Faith

Stop for a minute. Think quietly of a way you will help your parish family grow as a community of Jesus' followers this week.
Be ready to give your answer during our singing game.
(To the tune of "London Bridge")

♫ This is our Church, please come in,
    Please come in, please come in.
This is our Church, please come in—
    You're so welcome!

How will we show we're Jesus' friends,
    Jesus' friends, Jesus' friends?
How will we show we're Jesus' friends?
    Will you tell us? ♫
(Tell what you will do.)

# REPASO

En la raya al lado de la frase escribe el número del sacramento.

**1.** Bautismo

**2.** Confirmación

**3.** Eucaristía

**4.** Reconciliación

_2_ El Espíritu Santo viene a nosotros en forma especial.

_3_ Recibimos a Jesús en la Santa Comunión.

_2_ Celebramos el nacimiento de Jesús.

_4_ Celebramos el perdón de Dios.

___ Celebramos Pentecostés.

_1_ Nos hacemos miembros de la Iglesia.

**5.** Explica un sacramento que hayas recibido y lo que significa para ti.

## FE VIVA EN EL HOGAR Y EN LA PARROQUIA

Como católicos pertenecemos a la Iglesia en todo el mundo y a la iglesia local de la diócesis a la que pertenecemos. Esta lección explica que la parroquia es la comunidad donde la familia vive su llamado a traer el reino de Dios a la tierra. La parroquia está centrada en la Eucaristía. Alabamos a Dios y somos fortalecidos para amar y servir a los demás, especialmente a los más necesitados. El Vaticano II nos recuerda que somos el pueblo de Dios, la Iglesia, llamados a compartir nuestra fe. Debemos enseñar a nuestros niños que todos somos la parroquia y debemos ser miembros activos.

**Nuestra parroquia**

Trate de ver cuanto saben usted y su niño sobre la historia de su parroquia. Si es posible, pida a toda la familia participar del proyecto. ¿Cuántos años tiene la parroquia? ¿Cómo su parroquia lleva el mensaje de Jesús a los necesitados? ¿Quién es su párroco? Si no conocen el párroco, traten de presentarse a él después de la misa.

**Resumen de la fe**

- Nuestra parroquia es nuestra familia especial en la Iglesia Católica.

- Nuestra parroquia nos ayuda a vivir juntos como comunidad de amigos de Jesús.

# REVIEW ■ TEST

Match the sacrament to the sentence that tells about it.
You will not use all the sentences.

**1.** Baptism

**2.** Confirmation

**3.** Eucharist

**4.** Reconciliation

—— The Holy Spirit comes in a special way.

—— We receive Jesus in Holy Communion.

—— We celebrate Jesus' birth.

—— We celebrate God's forgiveness.

—— We celebrate Pentecost.

—— We become members of the Church.

**5.** Tell about one sacrament you have received and what it means to you.

55

## NUESTRA VIDA

El no ver a las personas no quiere decir que
no podamos hablar con ellas.

La abuela de Rosa vive en otro pueblo.
Pero se hablan por teléfono y se escriben.

Ayuda a Rosa a terminar esta carta.

Querida Abuela:
    ¿Cómo estas? Yo estoy bien.
Yo te amo mucho.
Yo deseo que estamos
juntas. Yo quiero
ber te.

        Te quiere,
        Rosa

Piensa en alguien con quien te
gustaría hablar. ¿Qué le dirías?

## COMPARTIENDO LA VIDA

¿Podemos hablar con Dios en
cualquier momento que queramos?
¿Cómo?

¿Qué crees que Dios quiere que
digamos?

# 6 | Prayer

Jesus, teach us
to pray!

## Our Life

Just because we don't see people doesn't mean we can't talk to them.

Rosa's grandmother lives far away. But Rosa can talk to her on the phone or write her a letter.

Help Rosa finish this letter.

Dear Grandma,
    How are you? I am fine.
I _____

_____

_____

_____

    Love,

    Rosa

Think of someone with whom you would like to talk. What would you say?

## Sharing Life

Can we talk to God any time we want? How?

What do you think God wants us to say?

**Rezar** es hablar y escuchar a Dios.

## Podemos rezar

Cuando amamos a una persona, le hablamos y escuchamos. Compartimos lo que tenemos en el corazón. Podemos hablar y escuchar a Dios también. Rezar es hablar y escuchar a Dios. La gracia de Dios nos ayuda a rezar.

Jesús, mostró a sus seguidores como rezar. Cuando rezamos le decimos a Dios lo que tenemos en el corazón.

- Podemos alabar a Dios quien nos creó.

- Podemos decir a Dios que estamos arrepentidos de algo que hicimos mal.

- Podemos pedir a Dios que ayude a la gente.

- Podemos pedir a Dios que nos ayude en nuestras necesidades.

- Podemos dar gracias a Dios por su amor y sus cuidados.

Podemos rezar solos, con nuestros amigos, nuestra familia y con nuestra familia parroquial. Podemos rezar en silencio en nuestros corazones usando nuestras propias palabras.

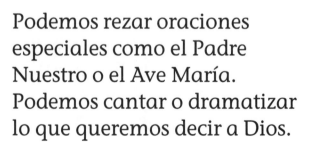

Podemos rezar oraciones especiales como el Padre Nuestro o el Ave María. Podemos cantar o dramatizar lo que queremos decir a Dios.

¿Cuándo hablarás con Dios? ¿Qué le dirás?

**Prayer** is talking and listening to God.

## Our Catholic Faith

## We Can Pray

When we love people, we talk and listen to them. We share what is in our hearts. We can talk and listen to God, too. Prayer is talking and listening to God. God's grace in us helps us to pray.

Jesus showed His followers how to pray. When we pray, we tell God what is in our hearts.

- We can praise God, who made us.
- We can tell God we are sorry for something we have done wrong.

- We can ask God's help for all people.
- We can ask God's help for our own needs.
- We can thank God for His love and care.

We can pray by ourselves. We can pray with our friends, our families, and our parish family. We can pray quietly in our hearts using our own words. We can pray special prayers like the Our Father or the Hail Mary.

We can even sing or act out what we want to say to God.

When will you talk to God? What will you say?

## Acercándote a la Fe

¿Cuáles son algunas formas en las que puedes rezar?
¿Cuál es tu forma favorita de rezar?

Haz una oración de tu inspiración. Dile a Dios lo que tienes en tu corazón.
Escribe tu oración aquí.

Yo te amo Dios, El amor bino de mi corazon.

## Viviendo la Fe

Mira las oraciones al final de tu libro *Acercándote a Jesús*. Busca una oración que te gustaría rezar esta semana.

### † Servicio de Oración

**Guía:** Podemos hablar con Dios cuando queramos. En silencio vamos cada uno a decir a Dios como nos sentimos en este momento.... Dios, eres grande y poderoso. Hiciste el mundo y todo lo que existe.
**Todos:** Oh Dios, te adoramos.

**Guía:** Dios amoroso, ayúdanos a ser mejores seguidores de tu Hijo Jesús. Dios, en especial te rogamos....
**Todos:** (Añade tu propia oración).

**Guía:** Dios de amor, estamos arrepentidos de todas las veces que hemos sido mal educados con otros.
**Todos:** Oh Dios, perdónanos.

**Guía:** Dios de Amor, gracias por cuidar de nosotros.
**Todos:** Oh Dios, te damos gracias.

**Guía:** De pie vamos a agarrarnos de las manos para rezar la oración que Jesús nos enseñó.
**Todos:** (Recen o canten el Padre Nuestro).

## Coming to Faith

What are some ways we can pray? What is your favorite way to pray?

Make up a prayer of your own now. Tell God what is in your heart. Write your prayer here.

## Practicing Faith

Look through your *Coming to Jesus* book. Look at the prayers in the back of the book. Find a prayer you will pray this week.

### † Prayer Service

**Leader:** We can talk to God whenever we want.
Let us each silently tell Him how we feel right now. . . .
God, You are great and wonderful. You made the world and everything in it.
**All:** O God, we praise You.

**Leader:** Loving Father, help us to be better followers of Your Son, Jesus.
God, we pray especially for . . . .
**All:** (Add your own prayer here.)

**Leader:** Loving God, we are sorry for all the times that we have been unkind to others.
**All:** O God, forgive us!

**Leader:** Loving Father, thank You for taking care of us.
**All:** O God, we thank You.

**Leader:** Let's stand and join hands. We will pray as Jesus taught us.
**All:** (Pray or sing) Our Father . . . .

61

# REPASO

Encierra en un círculo la respuesta correcta.

**1.** Podemos rezar

de una sola forma.     ⬭de diferentes formas.⬭

**2.** Podemos rezar a Dios

⬭siempre.⬭     sólo cuando necesitamos ayuda.

**3.** Mostramos amor por los demás cuando

⬭rezamos por ellos.⬭     nos olvidamos de ellos.

**4.** Dios escucha nuestras oraciones

sólo en la iglesia.     ⬭en todas partes.⬭

**5.** ¿Cómo rezarás hoy?     *Padre nuestro*

## FE VIVA EN EL HOGAR Y EN LA PARROQUIA

Esta semana la lección trata de explicar al niño el significado y el valor de la oración. Explica diferentes formas de orar. Ser cristiano es ser una persona de oración. Podemos usar las oraciones formales de la Iglesia o rezar con nuestras propias palabras. Podemos rezar solos o con otros. Rezar, sin embargo, no es simplemente pedir a Dios. En la oración escuchamos a Dios con el corazón, con todo nuestro ser. En cualquier forma de oración podemos ir a Dios, quien nos ama más que nosotros mismos.

**Resumen de la fe**
- Rezar es hablar y escuchar a Dios.
- Podemos rezar de diferentes formas.

# REVIEW ■ TEST

Circle the correct answer.

**1.** We can pray in

one way.  (many ways.)

**2.** We can pray to God

(all the time.)          only when we need help.

**3.** We show love to people when we

(pray for them.)          forget about them.

**4.** God hears our prayers

only in church.          (anywhere.)

**5.** How will you pray today?

# FAITH ALIVE AT HOME AND IN THE PARISH

This week your child was drawn into a deeper understanding of the meaning and value of prayer and was introduced to different forms of prayer. To be a Christian is to be a person of prayer. We can use the formal prayers of our Church or we can pray in our own words. We can pray alone or with others. Prayer, however, is not simply talking to God. In prayer we listen to God with our hearts, with our entire selves. In all forms of prayer we come to God, who loves us more than we love ourselves.

**Faith Summary**
- Prayer is talking and listening to God.
- We can pray in many ways.

# 7 La Biblia

## Nuestra Vida

Vamos a hacer una adivinanza.

Cuando eras un bebé no podías caminar. ¿Quién te ayudó a caminar? ¿Quién te ayudó a hablar?

A medida que fuiste creciendo, aprendiste muchas cosas. ¿Quién te enseñó a contar, a escribir y a cantar?

Sigues creciendo y aprendiendo todos los días. ¿Quién te ayuda a aprender? ¿Quién te enseña las formas?

Háblanos de algunas cosas nuevas que has aprendido. ¿Qué aprendiste de ellas?

## Compartiendo la Vida

¿Cómo aprenderías nuevas cosas si no hubiera libros donde leer o alguien que te enseñara?

Nombra algunas formas en que aprendemos acerca de Dios.

# 7 The Bible

## Our Life

Let's play a guessing game.

When you were a baby, you
could not walk.
Who helped you to walk?
Who helped you to talk?

As you got bigger, you learned
many things.
Who taught you to count?
make letters? and sing?

You are still learning and
growing each day.
Who helps you to learn?
Who shows you the way?

Tell some new things you know.
How did you learn about them?

## Sharing Life

How would you learn new
things if there were no one to
help you and no books to read?

Name some ways that we learn
about God.

65

**VOCABULARIO**

La **Biblia** es el libro en el cual leemos la palabra de Dios.

## La Biblia nos ayuda a crecer

En la Biblia aprendemos acerca de Dios y como él quiere que vivamos.

La Biblia contiene muchas historias acerca de cuanto Dios nos ama. Estas historias nos ayudan a aprender sobre el plan de Dios para el mundo y cómo vivir como pueblo de Dios.

La Biblia es el libro más importante para los seguidores de Jesús. Nos cuenta las historias de Dios, de Jesús y su buena nueva para nosotros. De estas historias aprendemos como vivir como seguidores de Jesús.

Cada vez que vamos a misa, escuchamos la palabra de Dios leída de la Biblia. Damos gracias y alabamos a Dios por darnos la Biblia que nos ayuda a vivir como pueblo de Dios.

La historia de Navidad

La historia del hijo pródigo

La historia del Domingo de Ramos

OUR CATHOLIC FAITH

The Story of the Lost Son

The **Bible** is the book in which we read the word of God.

## The Bible Helps Us Grow

From the Bible we learn about God and how God wants us to live.

The Bible has many stories about how much God loves us. These stories help us to learn about God's plan for the world and how to live as His people.

The Bible is the most important book for Jesus' followers. It tells us stories about God, and about Jesus and His good news for us. From these stories we learn how to live as followers of Jesus.

Every time we go to Mass, we hear God's word read to us from the Bible. We thank and praise God for giving us the Bible to help us live as His people.

The Story of Palm Sunday

## AcerCandoTe a la Fe

¿Qué tipos de historias hay en la Biblia?

¿Qué puedes aprender de las historias de la Biblia?

## Viviendo la Fe

Nombra una historia bíblica que sepas. Cuéntala, o escenifícala con algunos de tus amigos.

† **Rezando con la Biblia**

**Guía:** Oh Dios, pondremos la Biblia en un lugar especial porque es tu palabra. Vamos a caminar despacio hasta nuestro lugar especial.

**Todos:** ¡Alabado sea Dios!

**Guía:** Escuchen esta lectura bíblica del libro de los Salmos: Dios, tu palabra es una lámpara para guiarme y una luz para mi camino.

Basado en el Salmo 119:105

Palabra de Dios.

**Todos:** Te alabamos, Señor.

**Guía:** Jesús nos habla en esta lectura del Evangelio de Juan: Todo el que oye mis palabras y cree que Dios me envió tendrá vida eterna en Dios.

Tomado de Juan 5:24

Palabra del Señor.

**Todos:** Gloria a ti, Señor Jesús.

**Guía:** Ayúdanos Señor, a escuchar y a entender tu palabra de la Biblia. Ayúdanos a seguir tu palabra siempre.

**Todos:** Amén.

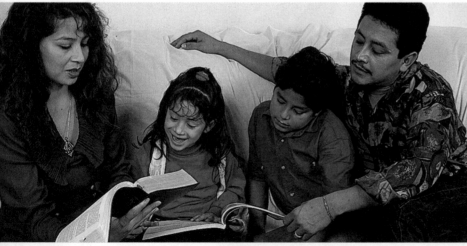

## Coming To Faith

What kinds of stories are in the Bible?

What can you learn from the stories in the Bible?

## Practicing Faith

Name a Bible story you know. Tell this story, or act it out with some of your friends.

### † Bible Prayer Service

**Leader:** O God, we will put the Bible in a special place of honor because it is Your word. Let us walk quietly to our special place.
**All:** Praise be to God!

**Leader:** Listen to this Bible reading from the Book of Psalms:
God, Your word is a lamp to guide me and a light for my path.
From Psalm 119:105
The word of the Lord.
**All:** Thanks be to God.

**Leader:** Jesus speaks to us in this reading from the Gospel of John:
Whoever hears My words and believes in God who sent Me will have life forever with God.
From John 5:24
The gospel of the Lord.
**All:** Praise to you, Lord Jesus Christ.

**Leader:** Help us, God, to hear and understand Your word from the Bible. Help us to follow Your word always.
**All:** Amen.

# REPASO

Encierra en un círculo **Si** o **No**. Encierra el signo **?** si no estás seguro.

1. Leemos la palabra de Dios en la Biblia. (Si)     No     ?

2. La Biblia es sólo para adultos.     Si     (No)     ?

3. Escuchamos la palabra de Dios
   en la misa.     (Si)     No     ?

4. La Biblia nos cuenta historias de Jesús. (Si)     No     ?

5. Cuéntanos una de tus historias bíblicas favoritas.

   Noe

## FE VIVA — EN EL HOGAR Y EN LA PARROQUIA

Esta lección enseña que escuchamos la palabra de Dios proclamada de la Biblia. Como el Concilio Vaticano II nos enseñá, la Biblia es la palabra de Dios en lenguaje humano. Hace muchos años San Jerónimo dijo que: "La ignorancia de las Escrituras es ignorancia de Cristo". En la misa escuchamos lecturas del Antiguo y del Nuevo Testamento. Ellas alimentan nuestra relación con Dios y nos mueven a vivir nuestra relación con Cristo. Recuerde a su niño escuchar atentamente las lecturas de la Biblia en la misa.

**Resumen de la fe**
- La Biblia es la palabra de Dios.
- La Biblia nos ayuda a vivir como seguidores de Jesús.

# REVIEW ▪ TEST

Circle the correct answer, **Yes** or **No**.
Circle the **?** if you are not sure.

**1.** We read God's word in the Bible.  (**Yes**)  **No**  **?**

**2.** The Bible is only for grown-ups.  **Yes**  (**No**)  **?**

**3.** We hear God's word at Mass.  (**Yes**)  **No**  **?**

**4.** The Bible tells us stories about Jesus.  (**Yes**)  **No**  **?**

**5.** Tell one of your favorite Bible stories.

---

## FAITH ALIVE ▪ AT HOME AND IN THE PARISH

In this lesson, your child learned that we hear the word of God read to us from the Bible. As the Second Vatican Council teaches us, the Bible is the word of God in human language. Centuries ago, Saint Jerome told us that "ignorance of the Scriptures is ignorance of Christ." At Mass we hear readings from both the Old and New Testament. They root us in our relationship with God, and they move us to live out that relationship in Jesus Christ. Remind your child at Mass to listen closely to the readings from the Bible.

**Faith Summary**

- The Bible is the word of God.

- The Bible helps us to live as followers of Jesus.

# Dios nos ama siempre

Dios, gracias
por amarnos
siempre.

## NUESTRA VIDA

Mira las fotografías. Cada una
representa una escena de cariño.

Haz una historia de cada una de
las fotografías.

Habla de como cada persona
está mostrando amor.

¿A quién amas? Di lo que
significa amar a alguien.

## COMPARTIENDO LA VIDA

¿Cómo sabemos que alguien
nos ama?

¿Por qué necesitamos amar
a otros?

¿Cómo puedes crecer como
persona que ama?

# 8 | God Loves Us Always

God, thank You
for always
loving us.

## Our Life

Look at the picture. It is telling you something about love.

Make up a story about the picture. Tell how each person is showing love.

Whom do you love?
Tell what it means really to love someone.

## Sharing Life

How do we know when someone loves us?

Why do we need to love other people?

How can you grow as a loving person?

## La Ley del Amor

Jesús vino para mostrarnos como amar a Dios, a nosotros mismos y a los demás.

Un día un hombre le preguntó a Jesús: "¿Cuál es la cosa más importante que Dios quiere que hagamos? Jesús le contestó: "Ama a Dios sobre todas las cosas y al prójimo como a ti mismo".
Basado en Marcos 12:28–31

Jesús pasó toda su vida mostrándonos como vivir la Ley del Amor. Muchos enfermos y personas solas fueron donde Jesús para que los sanara. El no los rechazó, aunque estuviera cansado. Jesús les mostró que Dios los amaba y los sanaba.

Jesús dio de comer al hambriento para mostrar el amor de Dios. Cuando Jesús encontró personas que habían engañado, robado o mentido él les perdonó sus pecados. El les ayudó a cambiar y a llevar una vida mejor.

## The Law of Love

Jesus came to show us how we are to love God, ourselves, and others.

One day a man came to Jesus with a question. "What is the most important thing God wants us to do?" he asked. Jesus said, "Love God with all your heart. Love others as you love yourself."
From Mark 12:28–31

Jesus spent His whole life showing us how to live this Law of Love. Many sick and lonely people came to Jesus to be healed. He did not send them away, even when He was very tired. Jesus showed them God's love and healed them.

Jesus fed people who were hungry to show them God's love. When Jesus met people who had cheated and lied and stolen, He forgave their sins. He helped them to change and lead better lives.

El **Espíritu Santo** es la tercera Persona de la Santísima Trinidad.

Tenemos que amar a los demás como lo hizo Jesús. Jesús quiere que ayudemos a los enfermos, a los que tienen hambre o están solos. Él quiere que perdonemos a los demás y que seamos justos con todo el mundo.

Cada vez que ayudamos a alguien mostramos que amamos a Dios con todo nuestro corazón y que amamos a los demás como a nosotros mismos. De esa forma trabajamos para el reino de Dios.

### El Espíritu Santo

Todos los días escogemos hacer cosas que están bien y cosas que están mal. Tenemos que preguntarnos: "¿Me ayudará esto a ser mejor? ¿Podrá ofender a otros? ¿Respeta los derechos de los demás?"

No es fácil decidir hacer lo correcto. Jesús sabía eso, así que nos dio al Espíritu Santo para que nos ayude.

El Espíritu Santo nos ayuda a saber lo que está bien. El Espíritu Santo nos da el valor de vivir la Ley del Amor.

76

The **Holy Spirit** is the third Person of the Blessed Trinity.

We need to love others as Jesus did. Jesus wants us to help people who are sick, hungry, or lonely. He wants us to forgive others and to be fair with everyone.

Each time we help others as Jesus did, we show that we love God with all our hearts and that we love others as ourselves. This is the way we work for the kingdom of God.

## The Holy Spirit

Every day we can choose to do things that are right or things that are wrong. We need to ask ourselves, "Will this choice help me to be a better person? Will it hurt or harm someone else? Does it respect the rights of others?"

It is not always easy to choose to do the right thing. Jesus knew this, so He gave us the Holy Spirit to be our helper.

The Holy Spirit helps us know and do what is right. The Holy Spirit gives us the courage to live the Law of Love.

## ACERCÁNDOTE A LA FE

Explica como tenemos que amar a Dios, a nosotros mismos y a los demás.

Piensa en alguien que ha sido tratado injustamente. Luego encierra en un círculo lo que harías.

- puedo retirarme
- puedo ser amable
- puedo ser desagradable

¿Quién te puede ayudar a amar a otros y a tratar a todos justamente?

VOLUNTARIO

Josselyn

EJEMPLAR

## VIVIENDO LA FE

Haz una medalla del voluntario. Escribe tu nombre en ella.

Practica como ayudarás a alguien en necesidad esta semana escenificando estas historias juntos.

- Un niño no tiene con quien jugar durante el recreo.
- Un compañero de clase está enfermo.
- Alguien que conoces está muy triste.

Busca a alguien que te necesite esta semana, en tu casa, en la escuela o en tu vecindario. Decide con tu familia cómo vas a ayudar a esa persona.

**OUTSTANDING CAREGIVER**

_____

## COMING TO FAITH

Explain how we are to love God, others, and ourselves.

Think of someone who is being treated unfairly. Then circle what you can do.

- I can walk away
- I can be mean
- (I can be kind)

Who can help you to love other people and treat them fairly?

## PRACTICING FAITH

Make a caregiver medal.
Write your name on it.

Practice how you will help someone in need this week by acting out one of these stories together.

- A child has no one to play with at recess
- A classmate is sick at home
- Someone you know is very sad

Find someone who needs you this week at home, in school, or in your neighborhood. Decide with your family how you will help that person.

# REPASO

Colorea el círculo al lado de la respuesta correcta.

**1.** Jesús nos enseñó a amar a Dios, a los demás y

  ○ al dinero.   ● a nosotros mismos.   ○ a los amigos.

**2.** La tercera Persona de la Santísima Trinidad es el

  ○ Padre.   ○ Hijo.   ● Espíritu Santo.

**3.** Dios _____ nos perdona cuando nos arrepentimos.

  ● siempre   ○ algunas veces   ○ nunca

**4.** El Espíritu Santo nos ayuda a

  ○ cometer errores.   ● tomar buenas decisiones.   ○ pasar buen rato.

**5.** Explica lo que podemos hacer para tomar buenas decisiones.

## FE VIVA EN EL HOGAR Y EN LA PARROQUIA

Esta lección explica la Ley del Amor, amar a Dios sobre todas las cosas y al prójimo como a sí mismo.

Es fácil pasar por alto el tercer aspecto de esta ley, amarse a sí mismo. Ayude a su niño a desarrollar un sano amor por sí mismo.

Algunas veces es difícil cuando un niño tiene que tomar una decisión pensar en lo que Dios quiere. Los padres tienen una responsabilidad de ayudarles a tomar sus decisiones. Por el Bautismo somos llamados a vivir y tomar decisiones de acuerdo a la Ley del Amor. Para los cristianos todo el mundo es nuestro prójimo, especialmente los que están en necesidad.

Busque tiempo para hablar con su hijo acerca de los problemas que puede tener al tomar decisiones. Recuérdele que Dios nos perdona aun cuando tomemos malas decisiones. Enseñe a su hijo a expresar arrepentimiento a Dios y a la persona a quien ha ofendido.

### Resumen de la fe

- Debemos amar a Dios con todo nuestro corazón. Debemos amar a los demás como a nosotros mismos.

- El Espíritu Santo nos ayuda a tomar buenas decisiones.

# REVIEW ■ TEST

Fill in the circle next to the correct answer.

**1.** Jesus taught us to love God, others, and
○ money.      ○ ourselves.      ○ only our friends.

**2.** The third Person of the Blessed Trinity is the
○ Father.      ○ Son.      ○ Holy Spirit.

**3.** God _____ forgives us when we are sorry.
○ always      ○ sometimes      ○ never

**4.** The Holy Spirit helps us to make
○ mistakes.      ○ good choices.      ○ good times.

**5.** Tell what we can do to make good choices.

## FAITH ALIVE AT HOME AND IN THE PARISH

This week your child learned more about the Law of Love—loving God above all and loving others as we love ourselves.

It is easy to overlook the third aspect of this law—love of self. Help your child to develop a healthy life-giving love of self.

Sometimes it is hard for a child to think about what God wants when choices have to be made. Parents have a responsibility to help their second graders make good choices. By Baptism we are all called to live and make choices according to the Law of Love. For Christians, everyone is our neighbor, especially those most in need.

Find time to talk over any problems your child might have in making good choices. Remind your child that God will forgive us even when we make bad choices. Teach your child to express sorrow both to God and to the person who has been hurt.

**Faith Summary**

- We must love God with our whole heart. We must love others as ourselves.

- The Holy Spirit helps us to make good choices.

## Nuestra Vida

Diana y Julio están secreteándose en la esquina del campo de juego. Están señalando a Huan, nuevo en la escuela, y se están mofando de él. Huan es de Vietnam y no habla bien español.

¿Por qué se burlaban Diana y Julio de Huan?

¿Cómo crees que se sentía Huan?

¿Cómo te sientes cuando haces algo malo?

¿Cómo te sientes cuando haces algo bueno?

## Compartiendo la Vida

¿Cómo te sientes por lo que Julio y Diana hicieron? ¿Por qué?

¿Cómo sabes cuando haces algo malo?

Imagina lo que diría Jesús a Diana y a Julio por lo que hicieron a Huan. Comparte tus pensamientos con los demás.

# We Make Choices

Jesus, help us to make good choices.

## OUR LIFE

Dana and Justin were whispering in a corner of the field. They were pointing at a new boy, Huan, and were making fun of him. Huan was from Vietnam. He did not speak English very well yet.

Why were Dana and Justin making fun of Huan?

How do you think Huan felt?

How do you feel when you do something wrong? something right?

## SHARING LIFE

How do you feel about what Dana and Justin did? Why?

How do you know when it is wrong to do something?

Imagine what Jesus would say to Dana and Justin about their choice. Share your thoughts.

## Escogiendo amar

Podemos elegir amar a Dios, a los demás y a nosotros mismos, o podemos elegir no amar. Cuando obedecemos la Ley del Amor, hacemos la voluntad de Dios.

Algunas personas son egoístas y desagradables. Pelean y tratan a los demás injustamente. Se alejan del amor de Dios a propósito. Ellos pecan.

Pecado es elegir libremente hacer lo que sabemos es malo. Pecamos cuando desobedecemos la ley de Dios a propósito. Nos alejamos del amor de Dios.

Pecar es no hacer la voluntad Dios. Todo pecado es malo. El pecado ofende a Dios. Desordena la paz que Jesús quiere que tengamos en nuestros corazones, familias, vecindarios, parroquias y el mundo.

Algunas veces cometemos errores por causa de accidentes. Hacemos algo malo sin querer.

Una equivocación no es un pecado.

Recuerda que Dios nunca deja de amarnos, aun cuando elijamos pecar. El siempre nos perdona cuando nos arrepentimos.

## Choosing Love

We can choose to love God, others, and ourselves, or we can choose not to love. When we obey the Law of Love, we do God's will.

Sometimes people are selfish and mean. They fight and treat others unfairly. They turn away from God's love on purpose. They sin.

Sin is freely choosing to do what we know is wrong. We sin when we disobey God's law on purpose. We turn away from His love.

Sin is not doing God's will. All sins are wrong. Sin offends God. It upsets the peace that Jesus wants us to have in our hearts, families, neighborhood, parish church, and world.

Sometimes we make mistakes or cause an accident. We do something wrong, but we do not mean to do it. Mistakes are not sins.

Remember, God never stops loving us, even when we choose to sin. He always forgives us when we are sorry.

## Hacer lo que Dios quiere

Los Diez Mandamientos nos dicen lo que Dios quiere que hagamos. Ellos nos ayudan a obedecer la Ley del Amor y a vivir para el reino de Dios. Si cumplimos los mandamientos, sabemos que estamos tomando buenas decisiones.

Los tres primeros mandamientos nos muestran como amar a Dios.

**Pecado** es elegir libremente hacer lo que sabemos está mal.

Los siete mandamientos restantes nos dicen como amarnos y como amar a los demás.

1. Tratamos de poner a Dios primero en nuestras vidas.
2. Usamos el nombre de Dios con respeto y amor.
3. Dedicamos el domingo como día especial a Dios rezando y descansando.

4. Oímos y obedecemos a los que nos cuidan.
5. Cuidamos a todas las cosas vivientes.
6. Respetamos nuestros cuerpos y el de los demás.
7. No robamos y somos justos con todo el mundo.
8. Somos fieles en lo que hacemos y decimos.
9. Somos fieles a los que amamos.
10. Ayudamos a la gente a tener lo que necesitan para vivir.

**Sin** is freely choosing to do what we know is wrong.

## Doing What God Wants

The Ten Commandments tell us what God wants us to do. They help us obey the Law of Love and live for God's kingdom. If we follow them, we will know we are making good choices.

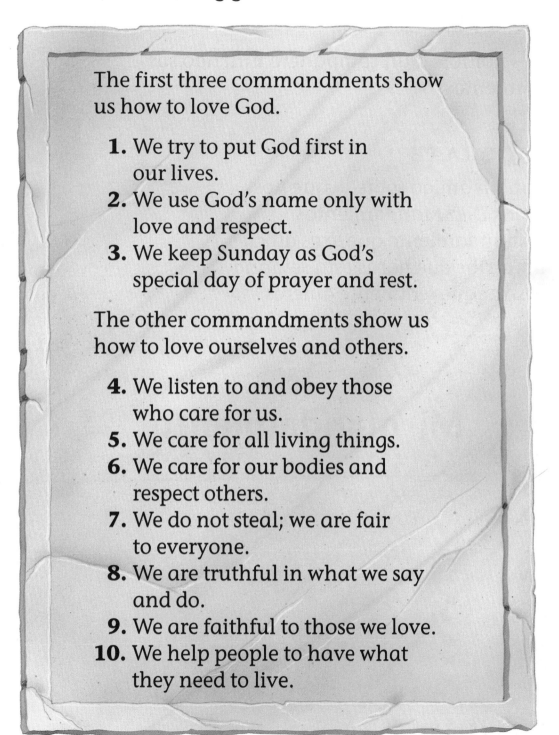

The first three commandments show us how to love God.

1. We try to put God first in our lives.
2. We use God's name only with love and respect.
3. We keep Sunday as God's special day of prayer and rest.

The other commandments show us how to love ourselves and others.

4. We listen to and obey those who care for us.
5. We care for all living things.
6. We care for our bodies and respect others.
7. We do not steal; we are fair to everyone.
8. We are truthful in what we say and do.
9. We are faithful to those we love.
10. We help people to have what they need to live.

# ACERCANDOTE A LA FE

Dibuja una ☺ en el cuadro al lado de una buena decisión.

Dibuja una ☹ en el cuadro al lado de una mala decisión.

☹ Te peleas con un amigo.

☺ Hablas a un compañero que parece estar triste.

☺ Quieres quedarte en la cama el domingo, pero te levantas y vas a misa.

☹ Pones nombre a un compañero hiriendo sus sentimientos.

# VIVIENDO LA FE

Habla con un amigo sobre lo que nos enseñan los Diez Mandamientos.
Elige un mandamiento que te es difícil cumplir. Escribe que harás esta semana para mostrar que realmente quieres vivirlo.

Mi mandamiento

# Coming To Faith

Draw a ☺ in the box beside each loving choice.

Draw a ☹ in the box beside each unloving choice.

☐ You start a fight with a friend.

☐ You talk to a classmate who seems lonely.

☐ You want to stay in bed on Sunday, but you get up and go to Mass.

☐ You call someone a name and hurt that person's feelings.

# Practicing Faith

With your friends, talk about what the Ten Commandments teach us.
Choose a commandment you find hard to follow. Write what you will do this week to show you really want to live it.

My Commandment

# REPASO

Encierra en un círculo la letra al lado de la respuesta correcta.

1. Cuando libremente hacemos lo que está mal
   **a.** pecamos.
   **b.** cometemos un error.
   **c.** mostramos nuestro amor por los demás.

2. ¿Cuáles pecados son malos?
   **a.** sólo algunos pecados.
   **b.** ningún pecado es malo.
   **c.** todos los pecados.

3. Cuando cumplimos los Diez Mandamientos
   **a.** escogemos pecar.
   **b.** hacemos la voluntad de Dios.
   **c.** cometemos un error.

4. ¿Cómo trató Jesús a los que se equivocaban?
   **a.** no los recibía.
   **b.** no pudo ayudarles.
   **c.** los perdonaba.

5. Explica una forma en que tratarás de vivir el reino de Dios.

## FE VIVA EN EL HOGAR Y EN LA PARROQUIA

Esta lección enseña como diferenciar lo bueno de lo malo. Los niños aprendieron lo que es pecado y que cuando cumplimos los Diez Mandamientos estamos tomando buenas decisiones. Esto no es suficiente, los niños también necesitan vivir en una familia que muestre, con sus acciones, como elegir hacer la voluntad de Dios. La Iglesia nos recuerda que la familia es el mejor lugar para la formación moral. Su buen ejemplo es muy importante.

Ayude a su niño a entender como los Diez Mandamientos nos ayudan a tomar buenas decisiones, hable de alguna buena decisión que usted o la familia tomó siguiendo los mandamientos. Recuérdele pedir ayuda al Espíritu Santo para tomar buenas decisiones.

**Resumen de la fe**

- Pecar es libremente elegir hacer lo que sabemos está mal.
- Los Diez Mandamientos nos muestran como amar a Dios, a los demás y a nosotros mismos.

# REVIEW ■ TEST

Circle the letter beside the correct answer.

**1.** When we freely do what we know is wrong, we
   **a.** sin.
   **b.** make a mistake.
   **c.** show we love others.

**2.** Which sins are wrong?
   **a.** only some sins
   **b.** no sins
   **c.** all sins

**3.** When we keep the Ten Commandments, we are
   **a.** choosing to sin.
   **b.** doing God's will.
   **c.** making a mistake.

**4.** How did Jesus treat people who did wrong?
   **a.** He sent them away.
   **b.** He could not help them.
   **c.** He forgave them.

**5.** Tell one way you will try to live for God's kingdom today.

# FAITH ALIVE ■ AT HOME AND IN THE PARISH

Your child is learning how to know right from wrong. He or she has been taught what sin is and that when we obey the Ten Commandments we make good choices. But this is not enough. Your child also needs to live in a family that shows by its actions how to choose to do God's will. The Church reminds us that the family is a crucial place for moral formation. Your good example is most important.

To help your child understand how the Ten Commandments help us to make good choices, talk about times when you and other family members made good choices in following the commandments. Remind him or her to ask the Holy Spirit for help in making good choices.

**Faith Summary**

- Sin is freely choosing to do what we know is wrong.
- The Ten Commandments show us how to love God, others, and ourselves.

# 10 | Dios nos perdona

## Nuestra Vida

Un día una multitud seguía a
Jesús. Zaqueo, un recaudador de
impuestos, no muy honesto, estaba
ahí. Como no podía ver por encima
de las cabezas de los demás se trepó
en un árbol para poder ver a Jesús.
Jesús se acercó al árbol y le dijo:
"Baja rápido Zaqueo que voy a
comer contigo esta noche".

Zaqueo estaba muy contento
porque Jesús quería visitarlo y le
dijo: "Señor, voy a dar la mitad de
mis bienes a los pobres. Si he
engañado a alguien le devolveré
cuatro veces lo que le debo".

Jesús sabía que Zaqueo estaba
arrepentido de haber engañado
a la gente. Jesús lo perdonó.
Basado en Lucas 19:1–10

¿Cómo crees que se sintió Zaqueo
cuando Jesús le habló?

¿Por qué Jesús perdonó a Zaqueo?

## Compartiendo la Vida

¿Fue fácil para Zaqueo devolver
lo que había robado?

¿Qué quiere Jesús que hagamos
cuando hemos hecho algo malo?

# 10 God Forgives Us

## OUR LIFE

One day a crowd followed Jesus. Zacchaeus, a dishonest tax collector, was there. He could not see over people's heads. So he climbed a tree to see Jesus. Jesus came to the tree and said, "Hurry down, Zacchaeus. I must stay with you tonight."

Zacchaeus was so happy that Jesus wanted to come to his house. He said to Jesus, "Lord, I will give half of all I have to the poor. If I have cheated anyone, I'll give back four times what I owe."

Jesus knew Zacchaeus was sorry for having cheated people. Jesus forgave him.

From Luke 19:1–10

How do you think Zacchaeus felt when Jesus spoke to him?

Why did Jesus forgive Zacchaeus?

## SHARING LIFE

Was it easy for Zacchaeus to give back what he had stolen?

What does Jesus want us to do when we have done something wrong?

## El sacramento de la Reconciliación

Dios siempre nos perdona cuando estamos arrepentidos. Tratamos de no pecar más. También debemos tratar de hacer la paz con aquellos que hemos ofendido.

En la Iglesia Católica celebramos el perdón de Dios en el sacramento de la Reconciliación, o Penitencia. En este sacramento le alabamos y le damos gracias por amarnos y perdonarnos.

En este sacramento decimos a Dios que estamos arrepentidos de nuestros pecados. Prometemos no pecar más. Tratamos de reparar el daño que hemos hecho.

El sacramento de la Reconciliación es una gran celebración porque celebramos el amor de Dios por nosotros. Es un sacramento para todos en la parroquia.

Celebramos el sacramento de la Reconciliación en nuestra parroquia.

El sacerdote, en nombre de Dios y la Iglesia, perdona nuestros pecados. Sabemos que nuestros pecados han sido perdonados.

En el sacramento de la Reconciliación, usamos una oración especial para decir que estamos arrepentidos. Esta oración es llamada Acto de Contrición. Es importante aprenderlo de memoria.

## OUR CATHOLIC FAITH

## The Sacrament of Reconciliation

God always forgives us when we are sorry. We try not to sin again. We must also try to make up, or be reconciled, with those we have hurt.

In the Catholic Church we celebrate God's forgiveness in the sacrament of Reconciliation, or Penance. In this sacrament we praise God. We thank Him for loving and forgiving us.

In this sacrament we tell God that we are sorry for our sins. We promise not to sin again. We try to make up for what we have done wrong.

The sacrament of Reconciliation is a great celebration because we celebrate God the Father's love for us. It is a sacrament for everyone in our parish.

We celebrate the sacrament of Reconciliation in our parish church. The priest forgives our sins in God's name and in the name of the Church. We know that our sins are forgiven. In the Sacrament of Reconciliation we use a special prayer to say "I am sorry" to God. It is called an act of contrition. It is important to learn it by heart.

En el sacramento de la Reconciliación, usamos una oración especial para decir que estamos arrepentidos. Esta oración es llamada Acto de Contrición. Es importante aprenderlo de memoria.

## Acto de Contrición

Dios mío,
con todo mi corazón me arrepiento de todo el mal que he hecho y de todo lo bueno que he dejado de hacer.
Al pecar, te he ofendido a ti, que eres el supremo bien y digno de ser amado sobre todas las cosas.

Decimos a Dios que estamos arrepentidos.

Propongo firmemente, con la ayuda de tu gracia, hacer penitencia, no volver a pecar y huir de las ocasiones de pecado.

Prometemos tratar de no pecar más. Tratamos de reparar el daño que hemos hecho.

Señor, por los méritos de la pasión de nuestro Salvador Jesucristo, apiádate de mí. Amén.

Pedimos que nos perdone en nombre de Jesús.

In the sacrament of Reconciliation, we use a special prayer to say "I am sorry" to God. It is called an act of contrition. It is important to learn it by heart.

## Act of Contrition

My God,
I am sorry for my sins with
all my heart.
In choosing to do wrong
and failing to do good,
I have sinned against you
whom I should love above
all things.

We tell God we are sorry.

I firmly intend, with your help,
to do penance,
to sin no more,
and to avoid whatever
leads me to sin.

We promise to try not to sin again. We try to make up for our sins.

Our Savior Jesus Christ
suffered and died for us.
In his name, my God,
have mercy.

We ask God to forgive us in Jesus' name.

## ACERCANDOTE A LA FE

Juntos escenifiquen la historia de Zaqueo. Permita a los niños turnarse para representar los diferentes papeles. Explica lo que aprendiste de la historia.

Para ayudarte a celebrar el sacramento de la Reconciliación, aprende de memoria el Acto de Contrición.

## VIVIENDO LA FE

Todos los niños hagan un círculo de reconciliación. Cierren los ojos y piensen en algo que hicieron y de lo cual están apenados. Luego agarrados de las manos recen el Acto de Contrición.

Da la mano a cada uno de los compañeros a tu lado y di: "La paz de Cristo esté contigo".

## COMING TO FAITH

Act out the story of Zacchaeus together. Let people take turns playing the roles. Tell what you have learned from the story.

To help you celebrate the sacrament of Reconciliation, learn the Act of Contrition by heart.

## PRACTICING FAITH

Make a reconciliation circle with your friends. Be very still. Think in your heart about one thing you have done for which you are sorry. Then link arms and pray the Act of Contrition together.

Turn to the person on each side of you. Shake hands and say, "The peace of Christ be with you."

# REPASO

Encierra en un círculo la respuesta correcta.

**1.** Celebramos el perdón de Dios en el sacramento de

~~la Reconciliación.~~ el Bautismo.

**2.** Una oración que nos ayuda a pedir perdón es el

Ave María. Acto de Contrición.

**3.** Dios siempre nos perdona si estamos

agradecidos. arrepentidos.

**4.** En la Reconciliación pedimos a Dios nos ayude a fomentar

la paz. lo malo.

**5.** ¿Puedes contar la historia del perdón de Zaqueo?

## EN EL HOGAR Y EN LA PARROQUIA

Esta lección también explica como la Iglesia celebra el perdón de Dios en el sacramento de la Reconciliación. Los niños aprendieron que Dios siempre nos perdona si estamos arrepentidos de nuestros pecados, prometemos no volver a pecar y tratamos de reparar el mal que hemos hecho.

Este es un buen momento para hablar en familia el lugar del sacramento de la Reconciliación en nuestras vidas. Puede que también quiera hablar con el niño sobre su primera reconciliación. Esta celebración nos trae, no sólo el perdón de Dios de nuestros pecados, sino también paz, amor y la gracia de evitar el pecado. La celebración de la Reconciliación también nos da una oportunidad de hablar con el sacerdote las cosas que nos preocupan y recibimos orientación para vivir nuestra fe cristiana.

Una forma de ayudar a los niños a desarrollar el hábito de celebrar este sacramento es viendo a otros miembros de la familia participar de él.

### Resumen de la fe

- La Iglesia celebra el perdón de Dios en el sacramento de la Reconciliación.

- Celebramos el sacramento de la Reconciliación con nuestra familia parroquial.

# REVIEW ■ TEST

Circle the correct answer.

**1.** We celebrate God's forgiveness in the sacrament of

Reconciliation.        Baptism.

**2.** A prayer that helps us to say we are sorry is the

Hail Mary.          Act of Contrition.

**3.** God always forgives us when we are

thankful.            sorry.

**4.** In Reconciliation we ask God's help to choose to

be peacemakers.      do wrong.

**5.** Tell the story of Zacchaeus' forgiveness.

## FAITH ALIVE AT HOME AND IN THE PARISH

This week your child continued to learn that the Church celebrates God's forgiveness in the sacrament of Reconciliation. She or he has learned that God will always forgive us if we are sorry for our sins, promise not to sin again, and make up for what we have done wrong.

This is a good time to discuss as a family the place of the sacrament of Reconciliation in our lives. You may also want to discuss when your child will celebrate this sacrament for the first time. This celebration brings us not only God's forgiveness of our sins but also God's peace and love and the grace to avoid sin in the future. The celebration of Reconciliation also gives us an opportunity to discuss with the priest things that are troubling us and to receive direction in living our Christian faith.

One of the best ways to help children develop a lifelong habit of celebrating this peace-filled sacrament of Reconciliation is for them to see other members of their family participating in this sacrament.

### Faith Summary

• The Church celebrates God's forgiveness in the sacrament of Reconciliation.

• We celebrate the sacrament of Reconciliation with our parish family.

# Nos preparamos para la Reconciliación

## NUESTRA VIDA

Mario y Sarah le rompieron la mochila a Raúl. Lo hicieron a propósito. La mochila había sido un regalo especial de su familia.

¿Qué debían hacer Mario y Sarah?

Ellos debían

- mofarse de Raúl y decirle que compre otra mochila

- ir a decir a Dios que están arrepentidos

- pedir perdón a Raúl, ofrecerse a arreglar la mochila y luego pedir perdón a Dios.

¿Qué es lo más fácil que pueden hacer Mario y Sarah? ¿Qué es lo más difícil?

¿Qué crees que Jesús quiere que ellos hagan?

¿Has tenido que tomar una decisión semejante alguna vez? Háblanos de ello.

## COMPARTIENDO LA VIDA

¿Por qué crees que fue malo que Mario y Sarah rompieran la mochila de Raúl?

Imagínate que eres Raúl. Si Mario y Sarah te dicen que están arrepentidos, ¿los perdonarías? ¿Por qué? ¿Por qué no?

# 11    We Prepare for Reconciliation

Loving God,
forgive us
our sins.

## Our Life

Matt and Sara ripped Ryan's backpack.
They did it on purpose. It was a special
gift from his family.

What might Matt and Sara do?
They might:

- tease Ryan and tell him to
  buy another bag

- run away and later tell God they
  are sorry

- tell Ryan they are sorry for doing
  something wrong, offer to fix the bag,
  then ask God to forgive them.

What would be the easiest thing for
Matt and Sara to do? the hardest?

What do you think Jesus would want
them to do?

Have you ever had to make a choice
like this? Tell what you did.

## Sharing Life

Why do you think it was wrong for Matt
and Sara to rip Ryan's backpack?

Imagine that you are Ryan.
If Matt and Sara told you they were
sorry, would you forgive them?
Tell why or why not.

## Celebramos la Reconciliación con un sacerdote

Nos preparamos para celebrar el sacramento de la Reconciliación pidiendo al Espíritu Santo nos ayude a recordar nuestros pecados.

Pensamos en los momentos en que tomamos malas decisiones e hicimos algo malo. Recuerda que los accidentes no son pecados.

Nos preguntamos si hemos vivido como Jesús quiere. Cuando hacemos esto estamos examinando nuestra conciencia. (Ver página 110).

Luego decimos a Dios que estamos arrepentidos de nuestros pecados. Prometemos mostrar a los que hemos ofendido que estamos arrepentidos.

Podemos celebrar el sacramento de la Reconciliación con nuestra comunidad parroquial y un sacerdote o nosotros solos con el sacerdote. Cuando celebramos el sacramento solos, vamos al sacerdote quien nos saluda en el nombre de Dios y el de la Iglesia.

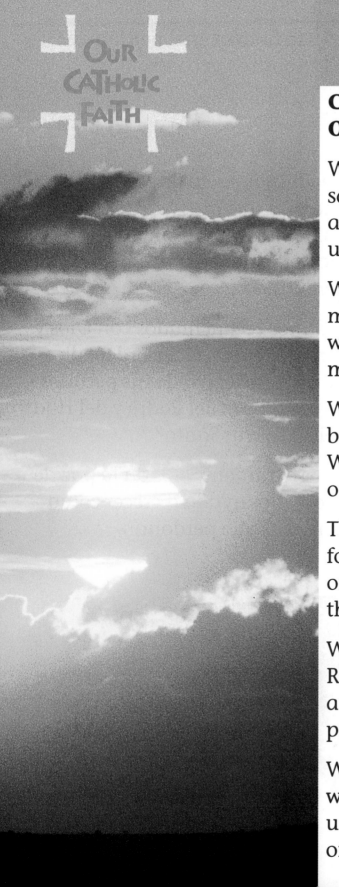

## Celebrating Reconciliation by Ourselves with a Priest

We get ready to celebrate the sacrament of Reconciliation by asking the Holy Spirit to help us remember our sins.

We think about the times we made bad choices or did the wrong thing. Remember, mistakes are not sins.

We ask ourselves if we have been living as Jesus wants. We do this when we examine our conscience. (See page 111.)

Then we tell God we are sorry for our sins. We promise to tell or show those we have hurt that we are sorry.

We can celebrate the sacrament of Reconciliation with our parish family and a priest or by ourselves with a priest.

When we celebrate by ourselves, we meet with the priest. He greets us in God's name and in the name of the Church.

Hacemos la señal de la cruz juntos. El sacerdote puede que haga una lectura de la Biblia sobre el perdón de Dios.

Confesamos nuestros pecados a Dios diciéndolos al sacerdote. Esto se llama confesión. El sacerdote nunca dice a nadie lo que escuchó en la confesión. Después de decir nuestros pecados al sacerdote podemos hablar con él. El puede ayudarnos a vivir como seguidores de Jesús.

Luego el sacerdote nos da una penitencia. Penitencia es hacer alguna buena obra o alguna oración para mostrar nuestro arrepentimiento.

**Absolución** es el perdón de Dios de nuestros pecados.

Decimos un acto de contrición. Luego el sacerdote dice las palabras de la absolución, diciendo que Dios nos ha perdonado.

Estamos reconciliados con Dios y con los demás. El Sacerdote dice: "Y yo te absuelvo de tus pecados en el nombre del Padre y del Hijo y del Espíritu Santo".

Este sacramento nos da la paz de Dios y nos ayuda a crecer como personas que perdonan.

**Absolution** is God's forgiveness of our sins.

We make the sign of the cross together. The priest may read from the Bible about God's forgiveness.

We confess our sins to God by telling them to the priest. We call this making our confession. The priest never tells anyone what we say in confession. After telling our sins, we can talk with the priest. He will help us to live as followers of Jesus.

Then the priest gives us a penance. A penance is something good we can do or prayers we can say to show we are sorry.

We say an act of contrition. Then the priest says the words of absolution, telling us that God has forgiven us.

We are reconciled with God and one another. The priest says: "Through the ministry of the Church may God give you pardon and peace, and I absolve you from your sins in the name of the Father, and of the Son, † and of the Holy Spirit."

This sacrament brings us God's peace and helps us grow as forgiving people.

## ACERCÁNDOTE A LA FE

¿Qué nos debemos preguntar cuando hacemos un examen de conciencia?

Imagina algunas formas en que puedes llevar la paz de Dios a otros.

Comparte tus ideas con tus amigos.

Apreciado_____:
Estoy arrepentido.
Yo_____
_____
Cariños,
_____

## VIVIENDO LA FE

Piensa en alguien a quien has ofendido. Haz un dibujo de esa persona dentro de un "corazón de perdón".

¿Qué puedes decir o hacer para demostrar a esa persona que estás arrepentido? Escríbelo en el corazón.

¿Harás lo que prometiste? Recen un acto de contrición juntos.

# COMING TO FAITH

What should we ask ourselves when we examine our conscience?

Imagine ways you can bring God's peace to others.

Share your ideas with your friends.

Dear _____,
I am sorry.
I will _____
_____
Love,
_____.

# PRACTICING FAITH

Think of someone you have hurt. Draw a picture of that person in this "healing heart" letter.

What can you do or say to show this person you are sorry? Write it in the letter.

Will you do what you have promised? Pray an act of contrition together.

# REPASO

Encierra en un círculo la respuesta correcta.

**1.** El perdón de Dios de nuestros pecados es la

   (absolución.)          contrición.

**2.** Cuando pensamos sobre las malas decisiones estamos

   celebrando la          (haciendo un examen
   Reconciliación.          de conciencia.)

**3.** Decir los pecados al sacerdote es una

   (confesión.)          penitencia.

**4.** Hacer algo malo a propósito es un

   (pecado.)          error.

**5.** Explica como la Reconciliación nos puede ayudar a crecer como personas que perdonan.

## FE VIVA EN EL HOGAR Y EN LA PARROQUIA

Esta lección enseña a los niños como celebrar el sacramento de la Reconciliación. Usted puede ayudarlo a decidir cuando esté listo para celebrarlo por primera vez. Una forma de enseñar a su niño a prepararse es ayudándole a examinar la conciencia, usando como guía los Diez Mandamientos. (Vea página 86 en el libro de texto). Es importante recordar preguntarse no sólo lo malo que ha hecho sino también lo bueno que no ha hecho y cómo piensa ser mejor. Cuando su niño esté listo para celebrar el sacramento usted debe acompañarle y celebrarlo.

**Un examen de conciencia**

Ayude al niño a hacer un examen de conciencia usando como guía los Diez Mandamientos. He aquí algunas preguntas que puede hacer:

- ¿He hecho lo que Dios quiere?
- ¿He usado el nombre de Dios en vano?
- ¿He participado en la misa el domingo?
- ¿He sido obediente?
- ¿He cuidado de mi cuerpo?
- ¿He dicho la verdad?

**Resumen de la fe**

- Examinamos nuestra conciencia para recordar nuestros pecados.
- Confesamos nuestros pecados al sacerdote y recibimos el perdón de Dios.

# REVIEW ■ TEST

Circle the correct answer.

1. God's forgiveness of our sins is

   absolution.          contrition.

2. When we think about the bad choices we have made,

   we celebrate          we examine our
   Reconciliation.          conscience.

3. Telling our sins to the priest is making our

   confession.          penance.

4. Doing something wrong on purpose is a

   sin.          mistake.

5. Tell how Reconciliation can help us grow as
   forgiving people.

## FAITH ALIVE AT HOME AND IN THE PARISH

Your child is learning how to celebrate the sacrament of Reconciliation. You can help your child decide when he or she is ready to celebrate this sacrament for the first time. One way to teach your child how to prepare for this celebration is by helping him or her in an examination of conscience, using the Ten Commandments as guides (see page 87 in your child's book). It is important to remember to ask yourself not only what you have done wrong, but also what good you have failed to do and how you plan to do better. When your child is ready to celebrate the sacrament, you might want to do the same.

**An Examination of Conscience**

Help your child make an examination of conscience, using the commandments as a guide. Some questions to be asked might be:

- Have I done what God wants?
- Have I used God's name in a bad way?
- Have I shared in Sunday Mass?
- Have I been obedient?
- Do I take care of my body?
- Have I told the truth?

**Faith Summary**

- We examine our conscience to remember our sins.
- We confess our sins to a priest and receive God's forgiveness.

# Celebramos la Reconciliación

Dios de amor, tu
misericordia es
eterna.

## Nuestra Vida

Esto es lo que dijo Jesús sobre el perdón.

Un día Pedro preguntó a Jesús:
¿Señor, cuántas veces tengo que
perdonar a una persona?
¿Siete veces?

Jesús contestó: "No siete veces sino
setenta veces siete". En la Biblia
esto significa "siempre".

Luego Jesús dijo que es así como
Dios nos perdona.
Basado en Mateo 18:21–23

¿Qué crees de lo que Jesús le
contestó a Pedro?

¿Quién te perdona siempre?

¿Perdonas tú siempre?

## Compartiendo la Vida

¿Por qué crees que Dios quiere
que siempre nos perdonemos
unos a otros?

Comparte tus ideas con tus
amigos.

# 12 We Celebrate Reconciliation

Loving God,
Your mercy
lasts forever.

## Our Life

This is what Jesus said about forgiveness.

One day Peter asked Jesus, "Lord, how many times do I have to forgive someone? Seven times?"

"No, not seven times," answered Jesus, "but seventy times seven!" In the Bible, this means "always."

Then Jesus said that this is how God forgives us.

From Matthew 18:21–23

What do you think of Jesus' answer to Peter?

Who always forgives you?

Do you always forgive?

## Sharing Life

Why do you think God wants us to forgive one another always?

Share your ideas with your friends.

## Celebrando

Hemos aprendido como
celebrar el sacramento de la
Reconciliación solos con el sacerdote.
Algunas veces celebramos el sacramento
de la Reconciliación con el sacerdote y
otros miembros de la parroquia. Así es
como lo hacemos:

- Nos reunimos con los miembros de la
  parroquia y cantamos una canción.
  El sacerdote nos da la bienvenida.

- Escuchamos una historia de la Biblia sobre
  la misericordia de Dios. El sacerdote o el
  diácono explica la historia. El nos recuerda
  que Dios siempre nos ama y siempre nos
  perdona si estamos arrepentidos.

- Examinamos nuestra conciencia. Pensamos
  en las veces que no hemos vivido como
  seguidores de Jesús.

- Juntos rezamos un acto de contrición y el
  Padre Nuestro. Pedimos a Dios que nos
  ayude a no pecar más.

- El sacerdote nos recibe uno a uno. Hacemos
  nuestra confesión. Recuerda, el sacerdote
  nunca dice a nadie lo que decimos en la
  confesión.

## Celebrating with Others

We have learned how to celebrate the sacrament of Reconciliation by ourselves with the priest. At times we celebrate the sacrament of Reconciliation with the priest and with other people in our parish. Here is what we do.

- We gather with our parish family and sing a song. The priest welcomes us.

- We listen to a story from the Bible about God's mercy. The priest or deacon explains the story. He reminds us that God always loves us and forgives us when we are sorry for our sins.

- We examine our conscience. We think about the times we may not have lived as followers of Jesus.

- Together we pray an Act of Contrition and the Our Father. We ask God to help us not to sin again.

- The priest meets with us one by one. We make our confession. Remember, the priest never tells anyone what we say to him!

- El sacerdote nos da la penitencia.
- El sacerdote nos dice las palabras de la absolución.
- Después que todos han terminado de confesar con el sacerdote, nos reunimos todos nuevamente.
- Damos gracias a Dios por su amor y perdón.
- El sacerdote nos bendice. Nos manda a llevar la paz de Jesús a los demás.
- Cantamos una canción de alabanza y acción de gracias a Dios por su perdón.

Celebrar la Reconciliación nos ayuda a crecer en amor a Dios, a los demás y a nosotros mismos. Jesús, nuestro amigo, nos ayuda a perdonar a otros como Dios nos perdona a nosotros.

- The priest gives us a penance.

- Then the priest says the words of absolution.

- After all have had a turn to meet with the priest alone for confession, we gather together again.

- We thank God for His love and forgiveness.

- The priest blesses us. He asks us to bring Jesus' peace to others.

- We sing a happy song to thank God for forgiving us.

Celebrating Reconciliation helps us to grow in our love for God, others, and ourselves. Jesus, our friend, helps us to forgive others as God forgives us.

# Acercandote a la Fe

Explica como nuestra comunidad parroquial
puede celebrar el sacramento de la Reconciliación.

## Viviendo la Fe

Reúnanse en círculo. Estén bien quietos. Piensen
en algo de lo que estén arrepentidos. Piensen en lo
que harán para demostrar que están arrepentidos.

Recen todos:

† Dios amoroso, estamos arrepentidos de todas las
cosas malas que hemos hecho. Ayúdanos a mostrar
que estamos verdaderamente arrepentidos.

Luego di a cada uno de los
compañeros a tu lado:
"_____, Dios te ama
y te perdona".

# Coming To Faith

Tell how our parish family can celebrate the sacrament of Reconciliation together.

# Practicing Faith

Gather in a circle with your friends. Be very still. Think about something for which you are very sorry. Think of what you will do to show you are sorry.

Pray together,

✝ Loving Father, we are sorry for all the things we have done wrong. Help us to show that we are really sorry.

Then say to the person on each side of you, "_____, God loves and forgives you."

# REPASO

Encierra en un círculo **Sí** o **No**;
encierra el signo **?** si no estás seguro.

**1.** Para prepararme para la Reconciliación
examino mi conciencia.  **Sí** **No** **?**

**2.** En la Reconciliación confieso mis
pecados al diácono.  **Sí** **No** **?**

**3.** Algunas veces el sacerdote dice a
la gente lo que otro confesó.  **Sí** **No** **?**

**4.** Las palabras de la absolución nos dicen
que hemos sido perdonados por Dios.  **Sí** **No** **?**

**5.** Explica como celebraste el sacramento de la
Reconciliación.

## FE VIVA EN EL HOGAR Y EN LA PARROQUIA

En esta lección los niños aprendieron como los católicos celebran el sacramento de la Reconciliación. Ayude a su hijo a entender las cosas que forman parte de este sacramento. Luego use las siguientes actividades para animar al niño a gozar del perdón de Dios.

### Una cruz de reconciliación

Ayude a su niño a hacer una cruz con dos palitos o cartulina atada a una cinta de forma tal que pueda colgarla en su cuello o en su cuarto.

Anime al niño a usarla cuando le esté ayudando a prepararse para el sacramento de la Reconciliación.

### Resumen de la fe

- Podemos celebrar la Reconciliación solos con el sacerdote o con otros en la parroquia con el sacerdote.

- Celebrar la Reconciliación nos ayuda a crecer en amor a Dios, a los demás y a nosotros mismos.

# REVIEW ■ TEST

Circle the correct answer, **Yes** or **No**.
If you don't know the answer, circle the **?**.

1. To prepare for Reconciliation, I examine
   my conscience.                                    **Yes**      **No**      **?**

2. In Reconciliation I confess my sins to
   the deacon.                                       **Yes**      **No**      **?**

3. Sometimes the priest tells other people
   what we say in confession.                        **Yes**      **No**      **?**

4. The words of absolution tell us we have
   been forgiven by God.                             **Yes**      **No**      **?**

5. Tell how you will celebrate the sacrament
   of Reconciliation.

# FAITH ALIVE ■ AT HOME AND IN THE PARISH

Your child has now learned two ways that Catholics celebrate the sacrament of Reconciliation. Help your child to understand the things that are always part of the sacrament of Reconciliation. Then use the following activity to encourage your child to rejoice in God's forgiveness.

**A Reconciliation Cross**

Help your child make a cross either from two small sticks tied with yarn or string, or from heavy paper. Attach yarn or string so that it can be hung around your child's neck or in his or her room. Encourage your child to wear it as you help him or her prepare to celebrate God's forgiveness in Reconciliation.

**Faith Summary**

• We celebrate Reconciliation either by ourselves with the priest or with others in our parish and the priest.

• Celebrating Reconciliation helps us to grow in our love for God, others, and ourselves.

Ven Señor Jesús, a vivir en nuestros corazones.

## NUESTRA VIDA

### Una obra de adviento

**Narrador:** En un pequeño pueblo llamado Nazaret, una joven llamada María estaba rezando. De repente la habitación se llenó de luz.

**Angel:** ¿Cómo estás María?

**María:** (llena de miedo) ¡Oh! ¿Quién eres tú?

**Angel:** Soy un mensajero de Dios. No tengas miedo, María. Dios está contigo. Llena eres de gracia. Tendrás un niño. Le llamarás Jesús.

**María:** ¡Un hijo! ¿Cómo puede ser eso?

**Angel:** El Espíritu Santo vendrá a ti. Tu hijo será el Hijo de Dios.

**María:** Hágase su voluntad.

**Narrador:** Y el ángel se fue. Nueve meses después, Jesús nació en Belén.

Basado en Lucas 1:26–38

**Todos:** (Rezar o cantar) El Ave María.

## COMPARTIENDO LA VIDA

¿Qué crees que María hizo mientras esperaba el nacimiento de Jesús?

Compartan lo que harán mientras esperan la Navidad.

Come, Lord
Jesus, live in
our hearts!

## Our Life

**An Advent Play**

**Narrator:** In the little town of
Nazareth, a young girl named
Mary is saying her prayers.
Suddenly the room is full of light.

**Angel:** Hello, Mary, how are you?

**Mary:** (Frightened) Oh! Who are you?

**Angel:** I am God's messenger. Do not
be afraid, Mary. God is with you. You
are full of grace. You will have a
child. You will call Him Jesus.

**Mary:** A child! How can this happen?

**Angel:** The Holy Spirit will come to
you. Your child will be the Son of
God.

**Mary:** I will do whatever God asks
of me.

**Narrator:** And the angel left her.
Nine months later, Jesus was born
at Bethlehem.

Based on Luke 1:26–38

**All:** (Say or sing) Hail Mary . . . .

## Sharing Life

What do you think Mary will do as
she waits for Jesus to be born?

Share together what we might do
as we wait for Christmas.

## Prepárate para Jesús

Adviento es un tiempo de preparación y de espera.

Nos preparamos para celebrar el nacimiento de Jesús en Navidad. Adviento también nos recuerda que debemos prepararnos para la venida de Jesús al final de los tiempos.

Una forma de prepararse para la Navidad es haciendo una corona de adviento. Los cristianos lo han hecho durante siglos.

Hacemos un círculo de ramas de pino. El círculo nos recuerda los años que el pueblo de Dios esperó por el Salvador.

Ponemos cuatro velas en la corona. Las velas nos recuerdan que el Adviento tiene cuatro semanas. Cada semana encendemos una vela. La cuarta semana las encendemos todas.

Las velas nos recuerdan que nos estamos preparando para la venida de Jesús, la Luz del Mundo.

## Preparing for Jesus

Advent is a time of waiting and preparing. We prepare to celebrate the birth of Jesus at Christmas. Advent also reminds us to prepare for Jesus' coming again at the end of the world.

One way to prepare for Christmas is by making an Advent wreath. Christians have done this for centuries.

We make a circle out of branches from a Christmas tree. The circle reminds us of all the years people waited for the Savior.

We put four candles on the wreath. The candles remind us that there are four weeks in Advent. Each week we light one candle. By the fourth week all four candles are lit.

The candles remind us that we are preparing for Jesus, the Light of the World.

## Viviendo la Fe

Menciona cuatro cosas que harás para ayudar a otros durante el Adviento. Escríbelas en las velas. Colorea las hojas de la corona de adviento.

### †Oración de adviento

Dios, nos diste a tu Hijo Jesús, porque nos amas mucho.

Mueve nuestros corazones para llegar a la gente pobre a nuestro alrededor, a los enfermos a los que están solos. Prepara nuestros corazones para dar la bienvenida a Jesús, tu Hijo. Amén.

### Acercandote a la Fe

¿Para qué nos preparamos durante el Adviento?

Háblanos de algunas cosas que harás cada semana de Adviento para prepararte para la Navidad.

# PRACTICING FAITH

Name four things that you will do to help others during Advent. Write them on the candles. Then color the branches of the Advent wreath.

## † Advent Wreath Prayer

God, You gave us Your Son, Jesus, because You love us so much.

Move our hearts to reach out to people around us who are poor, sick, or lonely. Prepare our hearts to welcome Jesus, Your Son. Amen.

## COMING TO FAITH

What do we prepare for during Advent?

Tell something you can do each week during Advent to get ready for Christmas.

# REPASO

Encierra en un círculo la respuesta correcta.

**1.** Es un tiempo de espera y preparación.

    Adviento.               Navidad.

**2.** Nos preparamos para celebrar el nacimiento de Jesús en la Pascua de Resurrección.    Navidad.

**3.** También nos preparamos para la venida de Jesús al final de la cuaresma.        el mundo.

**4.** Jesús vendrá de nuevo al final

    de los tiempos.          del año.

**5.** Escribe una de las cosas que harás para prepararte para la Navidad.

## FE VIVA

## EN EL HOGAR Y EN LA PARROQUIA

Esta lección presenta el Adviento como el tiempo de espera para la venida de Jesucristo en Navidad y al final de los tiempos. En la liturgia de Adviento somos invitados a reconocer que Jesús nace en nuestras vidas. Somos exhortados a hacer espacio para su "venida" creciendo en fe y amor. Al aceptar a Jesús en nuestras vidas y tratar de seguirle en nuestro amor y preocupación por los demás, nos preparamos para su venida gloriosa al fin de los tiempos. Toda nuestra vida cristiana es un tiempo de preparación para la venida de Jesús, cada día y al final de nuestras vidas.

**Resumen de la fe**

- Durante el Adviento nos preparamos para celebrar el nacimiento de Jesús en Navidad.
- Nos preparamos también para la venida de Jesús al final de los tiempos.

# REVIEW ▪ TEST

Circle the correct answer.

**1.** A time of waiting and preparing is

Advent.                    Christmas.

**2.** We prepare to celebrate the birth of Jesus at

Easter.                    Christmas.

**3.** We also prepare for Jesus' coming at the end of

Lent.                    the world.

**4.** Jesus will come again at the end of the

world.                    year.

**5.** Tell one thing you will do to prepare for Christmas.

## FAITH ALIVE AT HOME AND IN THE PARISH

This week, the season of Advent was presented as a time of waiting for Jesus' coming both at Christmas and at the end of the world. In our parish Advent liturgies we are invited to recognize the rebirth of Jesus in our lives. We are encouraged to make room for His "comings" by growing in faith and love. By accepting Jesus into our lives and by trying to follow Him in our love and care for others, we prepare ourselves for His coming in glory at the end of time. In a way, our whole Christian life is a time to prepare for the coming of Jesus each day and at the end of our lives.

**Faith Summary**

- During Advent we prepare to celebrate the birth of Jesus at Christmas.

- We prepare also for Jesus' coming again at the end of the world.

Dios amoroso,
gracias por el
regalo de Jesús,
tu Hijo.

## NUESTRA VIDA

José y María fueron desde Nazaret hasta un pueblo llamado Belén. Había mucha gente y no había lugar en la posada. José encontró un establo donde acomodó un sitio para que María descansara en el suave heno.

Esa noche nació Jesús. Ella lo envolvió en pañales y preparó una cuna para él en un pesebre.

En los alrededores, algunos pastores estaban cuidando sus ovejas. De repente un ángel se les apareció y les dijo: "No tengan miedo, les traigo una alegre noticia. Hoy ha nacido un Salvador. Lo encontrarán durmiendo en un pesebre".

Entonces el cielo se llenó de ángeles que cantaban: "Gloria a Dios en el cielo y en la tierra paz a los hombres".

Basado en Lucas 2:4–14

¿Qué querían los ángeles decir con "paz en la tierra"?

## COMPARTIENDO LA VIDA

Imagina que eres uno de los pastores. ¿Qué ves? ¿Qué sientes? ¿Qué harías?

Loving God, thank You for the gift of Jesus, Your Son.

## Our Life

Joseph and Mary traveled from Nazareth to the town of Bethlehem. It was very crowded, and there was no room at the inn. Joseph found a stable where he made a place for Mary to rest in the soft hay.

That night Mary gave birth to Jesus. She wrapped Him in a blanket and made a bed for Him in a manger.

Some shepherds were watching their sheep nearby. Suddenly an angel came to them and said, "Do not be afraid, for I bring you joyful news. This day a Savior is born. You will find Him lying in a manger."

Then the sky was filled with angels singing, "Glory to God in the highest, and peace on earth to all God's friends."

From Luke 2:4–14

What do the angels mean by "peace on earth"?

## Sharing Life

Imagine you are one of the shepherds. What do you see? How do you feel? What will you do next?

## Celebramos la Navidad

Cada Navidad celebramos el nacimiento de Jesús. Muchas familias decoran un árbol de navidad.

El árbol de navidad nos recuerda la nueva vida que Jesús nos da.

Las hojas verdes del árbol nos hacen pensar en la nueva vida de Jesús que es eterna.

Navidad es un tiempo de paz. Ponemos una estrella en la copa del árbol de navidad. Nos recuerda que una estrella brilló sobre Belén el día del nacimiento de Jesús, el Príncipe de Paz.

Encendemos velas para recordar a Jesús, quien es la Luz del Mundo.

## We Celebrate Christmas

Each Christmas we celebrate the birth of Jesus. Many families put up a Christmas tree and decorate it.

The Christmas tree reminds us of the new life Jesus gives us.
The tree's branches are evergreen.
They make us think of Jesus' new life that lasts forever.

Christmas is a time of peace.
We put a star on top of the Christmas tree.
It reminds us of the star that shone over Bethlehem at the birth of Jesus, the Prince of Peace.

We light candles to remind us of Jesus, who is the Light of the World.

## Acercandote a la Fe

¿Cuáles cosas de la Navidad nos ayudan a recordar a Jesús?

Si quieres contar a alguien las agradables noticias de Navidad, ¿qué le dirías?

## Viviendo la Fe

Con tus amigos hagan una tarjeta de navidad en vivo. Alguien representa a María, otro a José, otros pueden ser ángeles o pastores. Envuelvan una muñeca para representar al niño Jesús. Reúnanse alrededor de la escena para hacer una oración.

### † Una oración de navidad

**Guía:** Jesús vino a traer paz. Levantemos nuestras manos en señal de paz para todo el mundo. Rezamos por paz.

**Todos:** Jesús, oramos por paz en la tierra.

**Guía:** Agarrados de las manos, rezamos por paz para todo el mundo.

**Todos:** Jesús, rezamos por paz en la tierra.

**Guía:** Pongamos nuestras manos en nuestros corazones y recemos por nuestros hogares, nuestra parroquia, nuestros corazones.

**Todos:** Jesús, rezamos por paz en la tierra.

**Guía:** Como señal de paz, vamos a darnos las manos unos a otros.

**Todos:** (cantar Esta Noche es Noche Buena)

134

## COMING TO FAITH

What are some things about Christmas that help us remember Jesus' birth?

Imagine you want to tell someone the "joyful news" of Christmas. What will you say?

## PRACTICING FAITH

Make a "living Christmas card" with your friends. Someone can be Mary. Someone can be Joseph. Others can be angels or shepherds. Wrap a doll to look like the newborn Jesus. Gather around the scene for the Christmas Prayer Service.

### † Christmas Prayer Service

**Leader:** Jesus came to bring peace. Let us reach out our hands in peace to the whole world! We pray for peace.
**All:** Jesus, we pray for peace on earth.

**Leader:** Let us join hands. We pray for peace for all people.
**All:** Jesus, we pray for peace on earth.

**Leader:** Let us place our hands on our hearts. May we have peace in our homes, our parish, and our hearts.
**All:** Jesus, we pray for peace on earth.

**Leader:** As a sign of our peace, let us shake hands with one another.
**All:** (Sing "O Come All Ye Faithful.")

135

# REPASO

Encierra en un círculo la respuesta correcta.

**1.** Antes del nacimiento de Jesús, José y María fueron a

Nazaret.          Belén.

**2.** Había mucha gente y tuvieron que hospedarse en un

hotel.          establo.

**3.** Un ángel llevó la buena noticia a

los pastores.          las ovejas.

**4.** La buena noticia fue que

Jesús había nacido.          los ángeles cantan.

**5.** ¿Cuál fue el mensaje del ángel?

## EN EL HOGAR Y EN LA PARROQUIA

Esta lección explica la historia de Navidad y enseña sobre el regalo de paz que Dios nos da con Jesús. La Navidad puede ser un tiempo de gran tensión y "ocupaciones".

Jesús quiere que vayamos al establo, ese lugar de silencio, oración y paz que es la quietud de nuestros propios corazones. Ahí podemos encontrar a Jesús. El Espíritu Santo nos guía y da valor para simplificar nuestras necesidades materiales esta Navidad y traer la paz de Cristo a todos.

**Resumen de la fe**
- Jesús nació en un establo en Belén.
- El vino a traernos nueva vida y paz.

136

# REVIEW ▪ TEST

Circle the correct answer.

**1.** Before Jesus was born, Joseph and Mary traveled to

~~Nazareth.~~            Bethlehem.

**2.** It was very crowded so they had to stay in

an inn.            ~~a stable.~~

**3.** An angel brought the good news to the

~~shepherds.~~            sheep.

**4.** The good news was that

~~Jesus is born.~~            the angels sang.

**5.** What was the angels' message?

---

## FAITH ALIVE ▪ AT HOME AND IN THE PARISH

This week, your child heard again the story of Christmas and thought about God's gift of peace brought to us by Jesus. Christmas can be a time of great stress and "busyness." Jesus wants us to come to the stable—to that place of silence, of prayer, and of peace that is the quiet of our own hearts. There we can find Jesus. The Holy Spirit guides and encourages us to simplify our material needs this Christmas and to bring Christ's peace to all.

**Faith Summary**

• Jesus was born in a stable in Bethlehem.

• He came to bring us new life and peace.

Gracias Jesús por darnos la misa.

## NUESTRA VIDA

Un día una multitud siguió a Jesús para escucharle. Jesús llamó a sus amigos y les dijo: "Me da pena esta gente. Han estado conmigo por mucho rato y no han comido nada. Si los mando a sus casas con hambre se desmayarán antes de llegar".

Sus amigos le contestaron: "¿Dónde vamos a encontrar comida para tanta gente?"

Jesús se dio cuenta de que sólo tenían siete panes. Tomó los panes y dio gracias a Dios, partió el pan y se lo dio a la gente. Todos comieron y sobró.

Basado en Marcos 8:1–8

¿Qué fue lo que más te gustó de la historia?

## COMPARTIENDO LA VIDA

¿Qué nos dice esta historia sobre Jesús?

¿Cuándo Jesús nos alimenta en forma especial?

# 15 Jesus Gives Us the Mass

Thank You, Jesus, for giving us the Mass.

## Our Life

One day a large group of people followed Jesus to listen to Him. Jesus called His friends together and said, "I feel sorry for these people. They have been with me for a long time and have nothing to eat. If I send them home hungry, they will faint."

His friends said, "Where will we find food to feed so many people?"

Jesus saw they had only seven loaves of bread. He took the bread, gave thanks to God, broke the bread and gave it to the people. Everybody ate and there was still some left over!

From Mark 8:1–8

Tell what you like best about this story.

## Sharing Life

What does this story teach us about Jesus?

When does Jesus feed us in a special way?

139

## Una comida especial

Jesús sabía que sus amigos necesitarían ayuda especial para aumentar su amor a Dios y a los demás. Así que Jesús se ofreció a sí mismo como Pan de Vida. Esto fue lo que hizo:

Durante la comida, Jesús tomó el pan y el vino que estaban sobre la mesa. Lo bendijo y lo dio a sus amigos. El les dijo que ese pan y ese vino eran su cuerpo y su sangre. También les dijo que celebraran esta comida una y otra vez en su memoria.
Tomado de Lucas 22:14–20

Hoy nuestra celebración de la última Cena de Jesús es llamada la misa. Nos reunimos con nuestra comunidad parroquial todos los domingos o los sábados en la tarde para celebrar esta comida especial de Jesús.

En la misa escuchamos la palabra de Dios. En la misa, por las palabras y acciones del sacerdote, el pan y el vino se convierten en Jesús mismo. Jesús está con nosotros como Pan de Vida.

## A Special Meal

Jesus knew that all His friends would need special help to grow in love for God and others. So at the Last Supper Jesus gave us Himself to be our Bread of Life. This is what He did.

During the meal Jesus took the bread and wine that were on the table. He blessed them and gave them to His friends. He told them that the bread and wine were now His Body and Blood. He also told them to celebrate this special meal over and over again in memory of Him.
From Luke 22:14–20

Today our celebration of Jesus' Last Supper is called the Mass. We gather with our parish family every Sunday or Saturday evening to celebrate Jesus' special meal.

At Mass we listen to the word of God together. At Mass the bread and wine become Jesus Himself through the words and actions of the priest. Jesus is with us as our Bread of Life.

La **misa** es nuestra celebración del sacrificio y comida especial de Jesús.

## Un sacrificio especial

Un sacrificio es el ofrecimiento de algo importante a Dios. Un sacrificio es un regalo especial de amor.

El día después de la última Cena, Jesús ofreció un gran sacrificio a Dios. El nos amaba tanto que dio su vida por nosotros. Jesús murió en la cruz. El murió para salvarnos del pecado y darnos una nueva vida. Jesús es nuestro salvador.

En la misa, el sacerdote ofrece el sacrificio eucarístico en nombre de Jesús. Recordamos y celebramos la vida, muerte y resurrección de Jesús. Jesús se ofrece a sí mismo en la comunión para que podamos crecer como hijos de Dios y llegar a ser como Jesús. La comunión nos ayuda a crecer en nuestra fe católica.

Jesús quiere que celebremos el sacrificio de la misa con nuestra comunidad parroquial todos los domingos o los sábados por la tarde.

The **Mass** is our celebration of Jesus' special meal and sacrifice.

## A Special Sacrifice

A sacrifice is an offering to God of something important. A sacrifice is a special gift of love.

The day after the Last Supper, Jesus offered a great sacrifice to God. He loved each of us so much that He gave His life for us. Jesus died on the cross. He died to save us from sin and bring us new life. Jesus is our Savior.

At Mass, the priest offers the eucharist sacrifice in Jesus' name. We remember and celebrate Jesus' life, death, and resurrection. Jesus gives Himself to us in Holy Communion so that we may grow as children of God and become more like Him. Holy Communion helps us to grow in our Catholic faith.

Jesus wants us to celebrate the sacrifice of the Mass with our parish family every Sunday or Saturday evening.

143

## ACERCANDOTE A LA FE

Usa las siguientes palabras para completar la oración y descubrir la palabra escondida.

Salvador     mismo     pan     comida

La última Cena fue la C O M ida especial de Jesús.

En la misa Jesús se da a sí m i s m o.

Jesucristo es nuestro S a l v a d o r.

Jesús es el P a n de vida.

Imagínate en la última Cena.
¿Qué está pasando? ¿Cómo te sientes?
¿Qué dices a Jesús?

## VIVIENDO LA FE

Prepara un libro que te recuerde el regalo de Jesús.

Dobla una hoja de papel en dos. En la parte del frente escribe "El regalo de Jesús". Dentro, dibuja en el lado izquierdo un pan y un ramo de uvas. En lado derecho, dibuja el pan y el vino que recibimos en la comunión. En la parte de atrás escribe: "Gracias Jesús".

# COMING TO FAITH

Use these words to find the hidden word.

Savior       gives      Bread      meal

The Last Supper is Jesus' special **m e a l**.

Jesus is our **b r e a d** of Life.

Jesus Christ is our **S a v i o r**.

At Mass Jesus **g i v e s** us Himself.

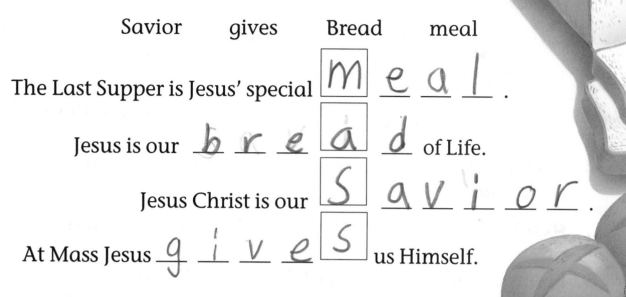

Imagine yourself at the Last Supper.
What is happening? How do you feel?
What do you say to Jesus?

# PRACTICING FAITH

Make a booklet to remind you of Jesus'
gift of Himself. Fold a piece of paper in
half. On the cover, write "Jesus' Gift."
Inside, on the left, draw a loaf of bread
and a bunch of grapes. On the right,
draw the Bread and Wine we receive
in Holy Communion. On the back,
write "Thank You, Jesus!"

# REPASO

Encierra en un círculo la letra al lado de la respuesta correcta.

**1.** Jesús se entregó para ser el Pan de Vida en

**a.** Navidad.    **b.** la cruz.    **c.** la última Cena.

**2.** Nuestra celebración del regalo de sí mismo de Jesús es llamada

**a.** misa.    **b.** Reconciliación.    **c.** Bautismo.

**3.** El ofrecimento a Dios de algo importante es

**a.** una comida.    **b.** un sacrificio.    **c.** un pecado.

**4.** El sacrificio de Jesús por nosotros fue su

**a.** última Cena.    **b.** Pan de Vida.    **c.** muerte en la cruz.

**5.** Explica lo que harás para dar gracias a Jesús por darse a sí mismo en la misa.

---

## FE VIVA EN EL HOGAR Y EN LA PARROQUIA

La misa es la mayor oración de la Iglesia. Participar regularmente en la misa es un poderoso recurso de nuestra identidad católica. De hecho, la Iglesia nos recuerda que es nuestra obligación dominical. Su niño debe aprender que la misa es un sacrificio y una comida. En la misa recordamos y celebramos la vida, muerte y resurrección de Jesús. Su niño también sabe que Jesús se da a nosotros en la comunión para que podamos crecer, ser más como él y seguir sus huellas.

Es importante ayudar a su niño a desarrollar amor por la misa. Por eso la familia debe dar el ejemplo y con entusiasmo participar en la misa todas las semanas y recibir a Jesús, el Pan de Vida, en la comunión.

### Una historia bíblica

Invite a su niño a compartir con la familia la historia bíblica donde Jesús da de comer a cinco mil personas. (Vea la página 138 del texto, o Marcos 8:1–8). Pídale decir lo que escribió en el ejercicio de la página 144. Pregúntele si Jesús nos alimenta de manera especial y cómo.

### Resumen de la fe

- La misa es un sacrificio y una comida.
- Jesús nos da el regalo de sí mismo en la sagrada comunión.

# REVIEW ■ TEST

Circle the letter beside the correct answer.

**1.** Jesus gave Himself to be our Bread of Life at

    **a.** Christmas.    **b.** the cross.    **c.** the Last Supper.

**2.** Our celebration of Jesus' gift of Himself is called

    **a.** the Mass.    **b.** Reconciliation.  **c.** Baptism.

**3.** An offering to God of something important is a

    **a.** meal.    **b.** sacrifice.    **c.** sin.

**4.** Jesus' sacrifice for us was His

    **a.** Last Supper.    **b.** Bread of Life.    **c.** death on the cross.

**5.** Tell what you will do to thank Jesus for giving us Himself at Mass.

# FAITH ALIVE AT HOME AND IN THE PARISH

The Mass is the greatest prayer of the Church. Participating regularly in the Mass is a powerful source of our identity as Catholics. In fact, the Church reminds us that it is our Sunday obligation. Your child has learned that the Mass is both a meal and a sacrifice. At Mass we remember and celebrate Jesus' life, death, and resurrection. Your child also knows that Jesus gives us Himself in Holy Communion so that we may grow to be more like Him and follow His way.

It is important to help your child develop a lifelong love for the Mass. To do this, your family must model an enthusiasm for participating in the Mass every weekend and for receiving Jesus, our Bread of Life, in Holy Communion.

**A Gospel Story**

Invite your child to share with you the gospel account of Jesus' feeding the five thousand. (See page 139 of your child's text or Mark 8:1–8.) Have him or her tell you what he or she imagined during the class exercise on page 145. Ask your child whether Jesus feeds us in a special way and how.

**Faith Summary**

- The Mass is both a meal and a sacrifice.
- Jesus gives us the gift of Himself in Holy Communion.

## NUESTRA VIDA

Rosa tenía que hacer la oración antes de la comida. Cuando toda la familia estaba agarrada de las manos dijo:

"Oh Jesús, te queremos agradecer no sólo nuestra comida. También queremos darte las gracias por el amor en nuestra familia que nos hace querer ayudar a los
que no tienen comida,
los que no tienen hogar
o amor como nosotros. Amén".

¿Qué fue lo que más te gustó de la oración de Rosa?

¿Qué oración te gustaría hacer antes de la comida junto a tu familia?

## COMPARTIENDO LA VIDA

¿Cómo puedes dar gracias a Dios ayudando a los que no tienen comida?

*Jesus, help us prepare to celebrate the Eucharist.*

## Our Life

It was Katie's turn to say grace before meals. As the family held hands she said,

"Oh, God, we want to thank You not just for our food. We also thank You for the love in our family that makes us want to help those
who have no food,
who have no home,
who have no love like ours. Amen."

What did you like best about Katie's prayer?

What prayer would you like to say before a family meal?

## Sharing Life

How can you thank God by helping those who have no food?

## Celebrando la Eucaristía

La misa es la gran oración de acción de gracias de la Iglesia Católica. Damos gracias a Dios por su amor y por todas sus bendiciones. De una manera especial damos gracias a Dios por el regalo de Jesús, su Hijo.

Nuestra celebración parroquial de la comida especial de Jesús, la misa, es también llamada Eucaristía. La palabra eucaristía significa "acción de gracias".

Juntos celebramos la Eucaristía. Llamamos a esta reunión la asamblea. Como hijos de Dios escuchamos la palabra de Dios, rezamos y cantamos y ofrecemos el sacrificio de la misa.

Nuestros ministros ordenados dirigen la celebración. Ellos son los obispos, sacerdotes y diáconos. Ellos usan vestiduras especiales para celebrar la misa.

## Celebrating Eucharist

The Mass is the great thanksgiving prayer of the Catholic Church. We thank God for His love and blessings. In a special way we thank God for the gift of Jesus, the Son of God.

Our parish celebration of Jesus' special meal, the Mass, is also called the Eucharist. The word *Eucharist* means "giving thanks."

We come together to celebrate the Eucharist. We call all who gather the *assembly*. As God's people we hear the word of God, we pray and sing, and we offer the sacrifice of the Mass together.

Our ordained ministers lead our celebration. They are our bishops, priests, and deacons. They wear special clothes for Mass called vestments.

**Ministros ordenados** ayudan a la asamblea a dar culto a Dios en la misa.

Otros ministros también nos ayudan a celebrar la misa. Los ministros eucarísticos ayudan a dar la comunión. Los lectores leen algunas de las historias bíblicas.

El cantor nos dirige para cantar. Los acólitos ayudan a los sacerdotes en el altar. Los acomodadores (ujieres) dan la bienvenida a la gente y recogen el dinero que damos para ayudar a cubrir las necesidades de la iglesia.

Nos preparamos para la misa rezando calladamente y recordando lo que vamos a celebrar. Juntos nos preparamos para una maravillosa celebración.

**Ministers of worship** help the assembly to worship God at Mass.

Other ministers of worship also help us to celebrate Mass. The eucharistic ministers help to give out Holy Communion. The lector reads some of the Bible stories to us.

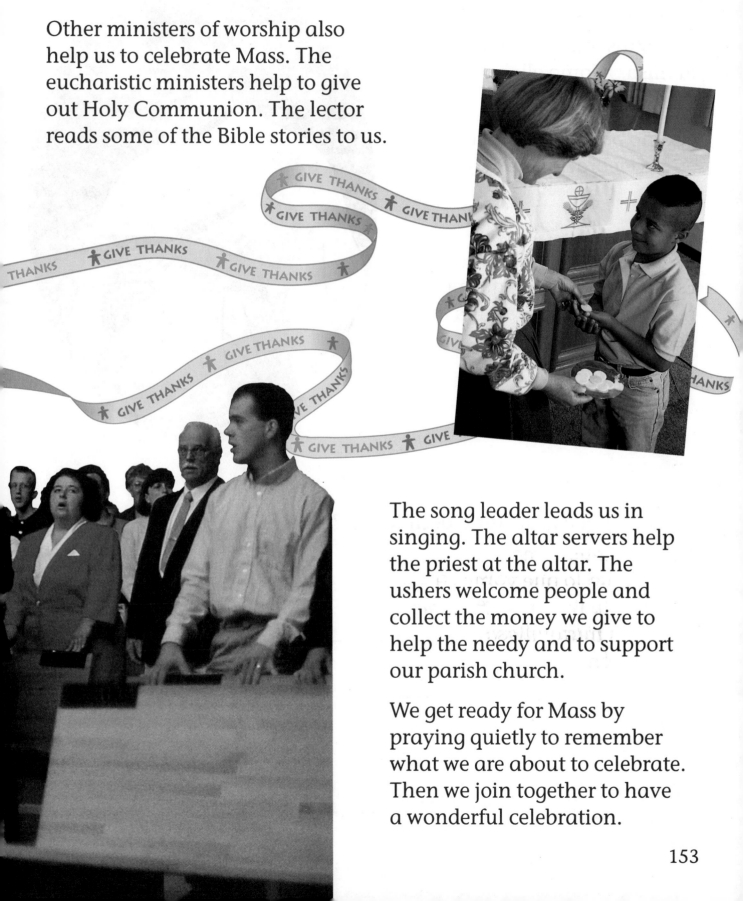

The song leader leads us in singing. The altar servers help the priest at the altar. The ushers welcome people and collect the money we give to help the needy and to support our parish church.

We get ready for Mass by praying quietly to remember what we are about to celebrate. Then we join together to have a wonderful celebration.

153

# Acercandote a la Fe

¿Cuál es otro nombre para la misa?

Nombra algunos de los ministros que has visto en la misa. ¿Cómo ellos nos ayudan a celebrar?

¿Cómo podemos participar en la celebración de la misa?

# Viviendo la Fe

Escribe una oración que puedas rezar junto con tu familia antes de la misa el domingo.

¿Qué te gustaría decir a Dios?

Acto de Contricion

Oh Dios mio Contodo micorazon me pesa haberte ofendido Abereso todos mis pecados por el miedo de perder el cielo y merecer el infierno Perro mas mepesa haberte ofendido porque eres infinitamente bueno y digno de ser amado firmemente resuelvo con la ayuda de tú Gracia confesar mis pecados Hacer penitencia y en mendar mi vida Amen.

## COMING TO FAITH

What is another name for the Mass?

Name some ministers of worship you have seen at Mass. How do they help us to celebrate together?

How can we participate in celebrating the Mass?

## OUR LIFE

Write a prayer that you and your family can pray together before Mass this weekend.

What would you like to say to God?

_____

_____

_____

# REPASO

Colorea el círculo al lado de la respuesta correcta.

**1.** La misa es también llamada
- ● Eucaristía.
- ○ Iglesia.

**2.** La asamblea es
- ○ el sacerdote y los servidores.
- ● el pueblo de Dios.

**3.** Ministros ordenados son
- ● obispos, sacerdotes y diáconos.
- ○ lectores, cantantes.

**4.** Ministros de culto son
- ○ la asamblea.
- ● lectores, ministros eucarísticos.

**5.** ¿Cómo te prepararás para la misa?

## FE VIVA EN EL HOGAR Y EN LA PARROQUIA

Esta lección enseña que la misa es nuestra mayor oración de acción de gracias. Ayude al niño a entender que en la misa:

- alabamos a Dios;
- damos gracias a Dios por todas sus bendiciones;
- pedimos la bendición de Dios;
- pedimos perdón a Dios por nuestros pecados y que nos ayude a ser buenos discípulos de Jesús.
- escuchamos la palabra de Dios;
- Jesús viene a nosotros en la sagrada comunión.

### Ministros de adoración

Esta semana antes de la misa anime al niño a señalar y nombrar los ministros de culto que ve, excluyendo al sacerdote (diácono, ministros eucarísticos, lectores, acólitos, cantantes, acomodadores). Si es posible presente uno de los ministros a su niño.

### Resumen de la fe

- Eucaristía significa "Acción de Gracias".
- La misa es la mayor oración de gracias de la Iglesia Católica.

# REVIEW ▪ TEST

Fill in the circle beside the correct answer.

**1.** The Mass is also called

    ○ the Eucharist.    ○ the church.

**2.** The assembly is

    ○ the priest and the servers.    ○ the people of God.

**3.** Ordained ministers are

    ○ bishops, priests, deacons.    ○ lectors, song leaders.

**4.** Ministers of worship are the

    ○ assembly.    ○ lectors, eucharistic ministers.

**5.** How will you get ready for Mass?

## FAITH ALIVE AT HOME AND IN THE PARISH

This week your child learned that the Mass is our greatest prayer of thanksgiving. Help your child to know that at Mass:

▪ we praise God;

▪ we thank God for all God's blessings;

▪ we ask God to bless us;

▪ we tell God we are sorry for our sins and ask God to help us be good disciples of Jesus;

▪ we hear the word of God;

▪ Jesus comes to us in Holy Communion.

### Ministers of Worship

Before Mass this week encourage your child to see how many people she or he can name who are ministers of worship besides the priest (deacon, eucharistic minister, lector, altar server, song leader, usher). If possible, introduce your child to one of these ministers.

### Faith Summary

• Eucharist means "giving thanks."

• Mass is the great thanksgiving prayer of the Catholic Church.

Jesús, háblanos
que te
escucharemos.

Escuchen
esta
buena nueva

## NUESTRA VIDA

Vamos a jugar a "escuchar". Cinco niños se ponen en fila. El primer niño piensa en un mensaje para secretear al segundo niño. El segundo niño secretea el mismo mensaje al tercer niño y así sucesivamente.

Cuando el último niño escucha el mensaje lo dice en voz alta. Entonces el primer niño dice cual fue el mensaje que él envió.

¿Dijeron ambos la misma cosa?

¿Crees que sabes escuchar? ¿Por qué?

## COMPARTIENDO LA VIDA

Imagina que vas a recibir un mensaje muy importante. Muestra como lo escucharías.

¿Cómo escuchas la palabra de Dios en la misa?

Jesus, speak to us. We will listen.

## Our Life

Play this "listening" game. Five children stand in a line. The first child thinks of a message to whisper to the second child. The second whispers the same message to the third, and so on down the line.

The fifth child hears the message and says it out loud. Then the first child says what the first message was.

Did both say exactly the same thing?

Do you think you are a good listener? Why?

## Sharing Life

Imagine you are going to hear a very important message. Show how you would listen.

How can you listen to God's word at Mass?

## La misa

Escuchar con atención es una de las muchas cosas que tratamos de hacer en la misa. Toda la asamblea se pone de pie y canta, como pueblo de Dios, para empezar la misa. Hacemos la señal de la cruz con el sacerdote para recordar nuestro bautismo y nuestra vida con la Santísima Trinidad.

Luego juntos pedimos perdón por nuestros pecados a Dios y a los demás. Alabamos a Dios en la oración que empieza diciendo: "Gloria a Dios en el cielo".

Luego se inicia la Liturgia de la Palabra. Escuchamos atentamente la palabra de Dios leída de la Biblia. El lector, puede ser el sacerdote, un diácono o un laico.

La segunda lectura es también tomada de la Biblia. Al final de las lecturas el lector dice: "Palabra de Dios". Contestamos: "Te alabamos, Señor".

¡Gloria a Dios!

OUR CATHOLIC FAITH

## The Mass

Listening well is one of the many things we try to do at Mass. Our Mass begins when the assembly stands to sing as God's people. We make the sign of the cross with the priest to remind us of our Baptism, and our life with the Blessed Trinity.

Then together we ask God and one another to forgive us our sins. We praise God in the prayer that begins "Glory to God in the highest."

Then the Liturgy of the Word begins. We listen carefully as God's word is read to us from the Bible. The reader, or lector, may be the priest, a deacon, or a lay person.

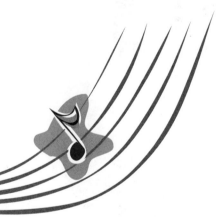

The first reading is followed by a second reading from the Bible. At the end of each reading, the reader says,
"The word of the Lord."

We answer,
"Thanks be to God."

Luego el sacerdote o el diácono lee el evangelio. El evangelio es la buena nueva que nos dio Jesús. Escuchamos con atención el mensaje de Jesús. Al final de la lectura el sacerdote o el diácono dice:
"Palabra del Señor".

Respondemos:
"Gloria a ti, Señor Jesús".

Luego escuchamos al sacerdote o al diácono explicar las lecturas de la Biblia. Esto es llamado la homilía, o sermón.

Después de la homilía nos ponemos de pie para rezar el credo. Decimos que creemos en Dios, el Padre, el Hijo y el Espíritu Santo.

Después del Credo rezamos la oración de los fieles. Rezamos por el papa, nuestros líderes, nuestro país, nuestra familia y por todos los necesitados.

El lector lee las oraciones en voz alta. Escuchamos y respondemos:
"Señor, escucha nuestra oración".

Con esta oración termina la Liturgia de la Palabra.

Escuchamos bien las lecturas porque nos ayudan a hacer la voluntad de Dios.

¡Buena nueva!

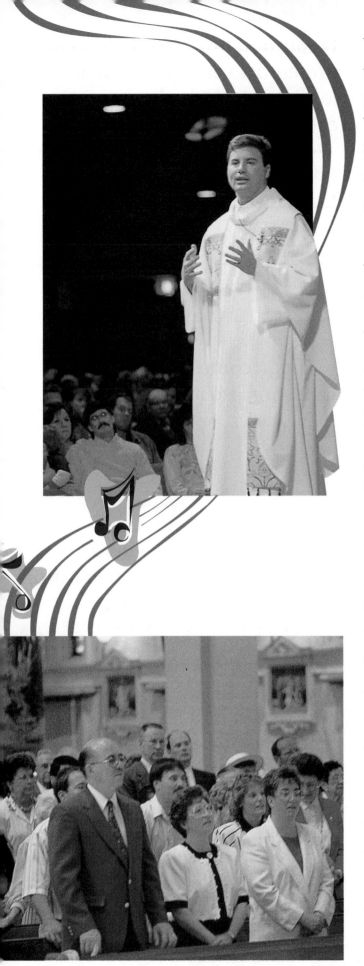

Then the priest or deacon reads the gospel. The gospel is the good news that Jesus Himself gave us. We listen carefully because we can hear the message of Jesus. At the end of the reading, the priest or deacon says,
"The gospel of the Lord."

We answer,
"Praise to you, Lord Jesus Christ."

Then we listen as the priest or deacon explains the readings from the Bible. This is called the homily, or sermon.

After the homily we stand for the Creed. We say that we believe in God, the Father, the Son, and the Holy Spirit.

After the Creed we say the prayer of the faithful. We pray for the pope, our leaders, our country, our family, and all those in need.

The lector reads the prayers aloud. We listen and may respond,
"Lord, hear our prayer."

The prayer of the faithful ends the Liturgy of the Word.

We have listened well to the readings. Listening to God's word will help us to do what He wants.

## ACERCANDOTE A LA FE

Explica lo que pasa durante la Liturgia de la Palabra.

Prepara tu propia oración para presentarla en la oración de los fieles. Escucha lo que dice cada una,

"Rezamos por

_____

_____

_____ ".

Luego contesta:
"Señor, escucha nuestra oración"

## VIVIENDO LA FE

Juntos decidan como van a escuchar atentamente en la misa. Luego canten esta canción.
(Con la tonada de Arroz con Leche )

♫ Durante la misa vamos a escuchar tu sabias palabras, Padre de bondad Jesús nos enseña, vamos a escuchar las sabias palabras, que el Padre nos da. ♫

## COMING TO FAITH

Tell what happens during the Liturgy of the Word.

Make up your own prayer to say at the prayer of the faithful. Listen as each reads, "We pray for

_____

_____

_____."

Then answer:
"Lord, hear our prayer."

## PRACTICING FAITH

Decide together how you will listen more carefully at Mass.
Then sing this song.
(To the tune of "Frère Jacques")

♫ We will listen, we will listen
To Your word, to Your word.
Speak, and we will hear You.
Jesus, give us all a
Listening heart,
    listening heart. ♫

# REPASO

Encierra en un círculo la letra al lado de la respuesta correcta.

1. Empezamos la misa con

   **a.** la señal de la cruz.     **b.** el Gloria.     **c.** una lectura.

2. Escuchamos lecturas de la Biblia

   **a.** en la comunión.     **b.** durante el Credo.     **c.** en la Liturgia de la Palabra.

3. Después de escuchar el evangelio decimos

   **a.** "Amén".     **b.** "Gloria al Padre".     **c.** "Gloria a ti, Señor Jesús".

4. Después de la homilía nos paramos y decimos

   **a.** El Padre Nuestro.     **b.** el Credo.     **c.** "Gracias a Dios

5. ¿Cómo puedes escuchar mejor en misa?

# FE VIVA EN EL HOGAR Y EN LA PARROQUIA

Esta lección enseña lo importante que es escuchar atentamente las lecturas de la misa, en la Liturgia de la Palabra. A los niños se les enseñó a pensar en lo que Dios está diciendo a cada uno de nosotros en las lecturas de la Biblia. Por medio de la Biblia, Dios nos enseña como vivir como su pueblo y como ser discípulos de Jesús. La Liturgia de la Palabra no es simplemente un preludio para lo que va a pasar en la Liturgia de la Eucaristía. Es parte integral de nuestra experiencia de adoración como católicos en la celebración de la misa.

Para ayudar al niño a estar más atento a la palabra de Dios, trate de hablar sobre las lecturas bíblicas cada semana. El prepararse para esa discusión puede ayudar a algunos miembros de la familia a recordar escuchar atentamente durante la Liturgia de la Palabra.

### El evangelio del domingo

Esta semana disponga de unos minutos para repasar el evangelio del próximo domingo con el niño. Esto ayudará a ambos a escuchar con más atención en la misa. Al regresar a la casa el domingo, invite al niño a hablar o dibujar lo que escuchó en el evangelio.

### Resumen de la fe

- En la Liturgia de la Palabra escuchamos la palabra de Dios en la Biblia.

- El evangelio nos narra la buena nueva de Jesús.

# REVIEW ■ TEST

Circle the letter beside the correct answer.

**1.** We begin Mass with

**a.** the sign of the cross.   **b.** the prayer "Glory to God."   **c.** a reading.

**2.** We listen to readings from the Bible

**a.** at Holy Communion.   **b.** during the Creed.   **c.** in the Liturgy of the Word.

**3.** After hearing the gospel we say

**a.** "Amen."   **b.** "Glory to God."   **c.** "Praise to You, Lord Jesus Christ."

**4.** After the homily we stand and say

**a.** the Our Father.   **b.** the Creed.   **c.** "Thanks be to God."

**5.** How can you become a better listener at Mass?

# FAITH ALIVE AT HOME AND IN THE PARISH

Your child has learned how important it is to listen carefully to the readings at Mass during the first part of the Mass, the Liturgy of the Word. He or she has been taught to think about what God is saying to each of us in the Bible readings. Through the Bible, God teaches us how to live as the people of God and to be disciples of Jesus. The Liturgy of the Word is not simply a prelude to what is about to happen in the Liturgy of the Eucharist. It is an integral part of our worship experience as Catholics in the celebration of Mass.

To help your child become more attentive to God's word, try to discuss one of the Bible readings after Mass each week. To prepare for this discussion, it may help to remind your family members to listen carefully during the Liturgy of the Word.

### The Sunday Gospel

Take a few minutes sometime during the week to go over next Sunday's gospel together. It will help both you and your child to be a more attentive listener at Mass. Then, when you come home, invite your child to act out or draw what he or she heard in the gospel.

### Faith Summary

- In the Liturgy of the Word, we listen to the word of God read from the Bible.

- The gospel tells us the good news Jesus gave us.

Jesús, ven a nosotros como nuestro Pan de Vida.

## NUESTRA VIDA

¿Has hecho un regalo para alguien a quien tú quieres?

Cuéntanos como lo hiciste.

¿Has sacrificado algo que querías para comprar un regalo a alguien? Cuéntanos tu historia.

¿Cómo te sientes cuando haces un regalo a alguien?

¿Cómo te sientes cuando alguien te regala algo?

## COMPARTIENDO LA VIDA

Menciona algunos regalos que Dios te ha dado. ¿Por qué crees que Dios te dio ese regalo?

¿Puedes imaginar un regalo que todos podemos dar a Dios? Vamos a hacer una lista.

# 18 | The Liturgy of the Eucharist

Jesus, come to us as our Bread of Life.

## Our Life

Have you ever made a gift for someone you love? Tell about it.

Have you ever given up something you wanted so that you could buy a gift for someone you love? Share your story.

How does giving a gift to someone make you feel?

How do you feel when you receive a gift from someone else?

## Sharing Life

Name some gifts God has given you. Why do you think God gave them to you?

Can you imagine a gift that all of us could give to God? Let's make a list!

## La Liturgia de la Eucaristía

La parte de la misa que sigue a la Liturgia de la Palabra es llamada la Liturgia de la Eucaristía. Ofrecemos los regalos de pan y vino como ofrecimiento de nosotros mismos. Esta es nuestra forma de decir "Gracias Dios, por todo lo que nos has dado".

El sacerdote reza una acción de gracias a Dios por sus regalos. Contestamos: "Bendito seas por siempre Señor".

Después el sacerdote alza sus brazos y reza. Junto al sacerdote alabamos al Padre por medio de Jesucristo. Toda la asamblea reza "Santo, Santo, Santo es el Señor".

Así empieza la oración eucarística. Es nuestra oración de alabanza y acción de gracias por todos los maravillosos regalos de Dios.

**OUR CATHOLIC FAITH**

## The Liturgy of the Eucharist

The part of the Mass following the Liturgy of the Word is called the Liturgy of the Eucharist. We bring gifts of bread and wine as signs of ourselves. This is our way of saying, "Thank You, God, for all You have given us."

The priest prays and thanks God for God's gifts to us. We answer, "Blessed be God forever."

Later the priest raises his arms in prayer. With the priest we give praise to the Father through Jesus Christ. The whole assembly prays, "Holy, holy, holy Lord."

This is the beginning of the eucharistic prayer. It is our prayer of praise and thanks for all of God's wonderful gifts.

171

Durante esta oración, el sacerdote dice y hace lo que Jesús hizo en la última Cena.

El toma el pan y dice las palabras de Jesús: "Tomen y coman todos, esto es mi cuerpo que será entregado por ustedes".

Luego el sacerdote toma la copa de vino y dice: "Tomen y beban todos, esto es el cáliz de mi sangre".

Por las palabras del sacerdote y el poder del Espíritu Santo, el pan y el vino se convierten en Jesús mismo.

Esto es llamado la consagración de la misa. Vemos que sigue viéndose como pan y vino, pero nuestra fe nos dice que son el Cuerpo y la Sangre de Cristo.

El sacerdote nos pide proclamar nuestra fe. Todos decimos: "Anunciamos tu muerte, proclamamos tu resurrección. ¡Ven, Señor Jesús!"

Creemos que Jesús está realmente presente entre nosotros.

During this prayer, the priest says and does what Jesus did at the Last Supper.

He takes the bread and says the words of Jesus.

"Take this, all of you, and eat it: this is my body which will be given up for you."

Then the priest takes the cup of wine and says, "Take this, all of you, and drink from it: this is the cup of my blood."

Through the words of the priest and the power of the Holy Spirit, the bread and wine become Jesus Himself.

This is called the consecration of the Mass. We still see what looks like bread and wine. Our faith tells us they are now the Body and Blood of Christ.

The priest then asks us to proclaim our faith. We can say, "Christ has died,
Christ is risen,
Christ will come again."

We believe that Jesus Christ is really present with us.

## ACERCANDOTE A LA FE

Explica a un amigo lo que pasa con nuestras ofrendas de pan y vino en la misa.

¿Qué podemos decir cuando el sacerdote nos pide que proclamemos nuestra fe?

## VIVIENDO LA FE

Piensa en un regalo por el que darás gracias a Dios en la misa esta semana. Escríbelo en esta oración.

✝ Querido Dios:
Te doy gracias por el don de

_____.

Reúnanse en círculo.
Túrnense para decir
su oración en voz alta.
Luego recen juntos:
"Gracias Dios por Jesús,
nuestro Pan de Vida".

**† Dear God,**
I thank You for the gift of

_____.

## COMING TO FAITH

Explain to a friend what happens to our gifts of bread and wine at Mass.

What can we say when the priest asks us to proclaim our faith?

## PRACTICING FAITH

Think of one gift for which you will thank God at Mass this week. Write it in this prayer.

Gather in a circle.
Take turns saying your prayers out loud.
Then pray together,
"Thank You, God, for Jesus, our Bread of Life."

# REPASO

Encierra en un círculo la letra al lado de la respuesta correcta.

1. La segunda parte de la misa es llamada

   **a.** Liturgia de la Palabra.    **b.** Comunión.    **c.** Liturgia de la Eucaristía.

2. La palabra *eucaristía* significa

   **a.** acción de gracias.    **b.** Amén.    **c.** Santo, santo, santo.

3. El pan y el vino se convierten en Jesús durante la

   **a.** oración eucarística.    **b.** lectura.    **c.** canción de entrada.

4. El tiempo de la comunión empieza cuando rezamos

   **a.** el Credo.    **b.** el Padre Nuestro.    **c.** Cristo ha muerto.

5. ¿Cómo vas a mostrar que crees que Jesús está con nosotros en la misa?

## FE VIVA EN EL HOGAR Y EN LA PARROQUIA

Esta lección enseña que el sacerdote hace y dice lo que Jesús hizo y dijo en la última Cena. Por medio de las palabras y acciones del sacerdote y por el poder del Espíritu Santo, el pan y el vino se convierten en el Cuerpo y Sangre de Cristo. Jesús está realmente presente en el Santísimo Sacramento. Llamamos a esto la *presencia real*. Los niños aprendieron también que nos ofrecemos como regalo cuando nos reunimos en la asamblea eucarística.

Explique al niño la importancia de ofrecernos nosotros mismos en la misa. Hable con su familia sobre "ese regalo" que cada uno ofrecerá a Dios en la misa esta semana. Anime a los miembros de la familia a elegir un acto especial de amor que cada uno hará.

† **Oración en familia**

Juntos recen una de las proclamas que hacemos en el misterio de fe.
Anunciamos tu muerte,
proclamamos tu resurrección.
¡Ven, Señor Jesús!

Anime al niño a unirse en esta aclamación cuando se esté cantando en la misa. Dedique unos minutos a compartir su fe en Cristo y su comprensión de cada una de las líneas de la aclamación.

**Resumen de la fe**

- En la misa ofrecemos regalos de pan y vino a Dios.
- Durante la oración eucarística, nuestros regalos de pan y vino se convierten en el Cuerpo y la Sangre de Cristo.

# REVIEW ▪ TEST

Circle the letter beside the correct answer.

**1.** The second part of the Mass is called the

    **a.** Liturgy of     **b.** Holy Communion.     **c.** Liturgy of
       the Word.                                            the Eucharist.

**2.** The word *Eucharist* means

    **a.** giving thanks.     **b.** Amen.     **c.** Holy, holy, holy Lord.

**3.** The bread and wine become Jesus Himself during the

    **a.** eucharistic prayer.     **b.** readings.     **c.** opening song.

**4.** Communion time begins when we pray

    **a.** the Creed.     **b.** the Our Father.     **c.** Christ has died.

**5.** How will you show you believe Jesus is with us at Mass?

# FAITH ALIVE AT HOME AND IN THE PARISH

Your child has learned that during the Liturgy of the Eucharist the priest does what Jesus did at the Last Supper. Through the words and actions of the priest and by the power of the Holy Spirit, the bread and wine become the Body and Blood of Christ. Jesus is really and truly present in the Blessed Sacrament. We call this the *real presence.* Your child also learned that we bring the gift of ourselves when we gather as the eucharistic assembly.

Explain to your child the importance of bringing the gift of oneself to Mass. Talk to your family about the "gift of self" that each will offer to God at Mass this week. Encourage family members to choose one special act of love each will do.

**† Family Prayer**

Pray together one of the responses we make to proclaim the mystery of faith.
Christ has died,
Christ is risen,
Christ will come again.

Encourage your child to join in this acclamation when it is sung at Mass. Spend a few moments sharing your faith in Christ and your understanding of each line of this acclamation.

**Faith Summary**

• At Mass we offer gifts of bread and wine to God.

• During the eucharistic prayer, our gifts of bread and wine become the Body and Blood of Christ.

## NUESTRA VIDA

Di que está haciendo cada persona en las fotografías.

¿Cómo están mostrando su amor a Dios? ¿Cómo están sirviendo a otros?

Menciona alguna forma en que puedes mostrar que amas a Dios sirviendo a los demás.

## COMPARTIENDO LA VIDA

¿Cómo quiere Jesús que sirvamos a otros?

Cierra los ojos. Piensa quietamente en formas en que puedes amar y servir a alguna persona en:
- tu familia
- tu escuela
- tu parroquia

Ahora vamos a compartir nuestras ideas.

# We Are Sent to Love and Serve

## Our Life

Tell what the people in each picture are doing.

How are they showing their love for God? How are they serving others?

Name one way you can show that you love God by serving others.

## Sharing Life

How does Jesus want us to serve others?

Close your eyes. Think quietly of ways you can love and serve some of these people:
• your family
• your friends
• your parish.

Now let us share our ideas.

## La sagrada comunión

En la misa recibimos a Jesús en la sagrada comunión. Jesús, nuestro Pan de Vida, nos ayuda a amar y a servir a los otros. Empezamos el tiempo para la comunión rezando el Padre Nuestro. Pedimos ser perdonados como perdonamos a otros.

Luego el sacerdote pide a Jesucristo que nos de paz. Compartimos el abrazo de la paz con todos los que están cerca de nosotros.

Los que están preparados se paran para recibir a Jesús en la sagrada comunión.

Podemos recibir en la mano o en la boca. Al momento de recibir escuchamos: "El cuerpo de Cristo". Respondemos: "Amén".

También podemos recibir de la copa. Escuchamos: "La Sangre de Cristo". Respondemos: "Amén", y tomamos de la copa.

Por la sagrada comunión estamos unidos a Jesús y unos a otros. Después de la comunión hay un momento de silencio. Podemos hablar con Jesús quien está con nosotros en forma especial.

## Holy Communion

At Mass we receive Jesus in Holy Communion. Jesus, our Bread of Life, helps us love and serve others. We begin Communion time by praying the Our Father. We ask that we may be forgiven, just as we forgive others.

Then the priest prays that Jesus Christ will give us peace. We share a sign of peace with the people around us.

Those who are ready go to receive Jesus in Holy Communion.

We may receive on the hand or on the tongue. We hear, "The body of Christ." We answer, "Amen."

We may also receive from the cup. We hear, "The blood of Christ." We answer, "Amen," and drink from the cup.

Through Holy Communion we are united with Jesus and one another. After Communion there is a quiet time. We can talk to Jesus, who is with us in a special way.

181

Al terminar la misa, escuchamos al sacerdote pedir a Dios que nos bendiga.

Hacemos la señal de la cruz, mientras el sacerdote dice: "La bendición de Dios todopoderoso, Padre, Hijo y Espíritu Santo".

Contestamos: "Amén".

Cuando escuchamos al sacerdote o al diácono decir:
"Podéis ir en paz".
Respondemos:
"Demos gracias a Dios".

Por estas palabras sabemos que la misa ha terminado.

También sabemos que decir "gracias a Dios" no termina la misa. Todos los días debemos encontrar formas de amar y servir a los demás.

Después de la misa Jesús quiere que llevemos la paz a otros en nuestra familia, parroquia, escuela, vecindario.

DEMOS GRACIAS A DIOS

DEMOS GRACIAS A DIOS

THANKS BE TO GOD

THANKS BE TO GOD

As the Mass ends, we hear the priest ask God to bless us.

We make the sign of the cross while the priest says, "May almighty God bless you, the Father, and the Son, † and the Holy Spirit."

We answer, "Amen."

We then hear the priest or deacon say, "Go in peace to love and serve the Lord." We answer, "Thanks be to God."

By these words we know that the Mass is ended.

We also know that saying "thank You" to God does not end with the Mass. Each day we must find ways to love and serve others.

After Mass Jesus wants us to bring His peace to others in our family, parish, school, neighborhood.

# Acercandote a la Fe

¿Por qué queremos que Jesús venga a nosotros en la sagrada comunión?

¿Qué podemos decir a Jesús después de recibir la sagrada comunión?

Explica en tus propias palabras el significado de las últimas palabras de la misa: "Podéis ir en paz".

Compartiré mis juguetes.

Pondré la mesa.

Daré comida a los que tienen hambre.

Yo te amo siempre.

# Viviendo la Fe

Decide lo que vas a hacer esta semana para amar y servir al Señor. Dibújate poniendo en práctica tu idea.

Reúnanse en un círculo. Túrnense para decirse lo que han decidido hacer.

Después que cada uno termine de hablar todos dicen: "Podemos ir en paz a amar y a servir al Señor".

## COMING TO FAITH

Share why we want Jesus to come to us in Holy Communion.

What can we say to Jesus after receiving Holy Communion?

Tell in your own words the meaning of the last prayer at Mass, "Go in peace to love and serve the Lord."

## PRACTICING FAITH

Decide what you will do to love and serve the Lord this week. Put yourself and your idea in the picture.

Gather in a circle. Take turns sharing what you have decided to do.

After each one speaks, everyone says, "Go in peace to love and serve the Lord."

# REPASO

Jesús quiere que seamos justos. El quiere que trabajemos por la paz.

Haz una lista de las formas en que puedes actuar con justicia.

1. _Prestar._
2. _Turnos,_

Escribe dos formas en las que puedes llevar paz.

3. _Dar amor a mis hermanos,_
4. _Hacer todo co onestidad._

5. ¿Qué contestamos cuando el sacerdote o el diácono dice: "Podéis ir en paz"?
_Demos gracias al señor._

## FE VIVA EN EL HOGAR Y EN LA PARROQUIA

Esta lección enseña más sobre la misa. Jesús es el Pan de Vida. En la misa somos alimentados con su Cuerpo y Sangre. Esto nos fortalece para vivir plenamente en Cristo y nos ayuda a llevar la paz y la justicia de Dios a otros. De esta manera vivimos verdaderamente la Eucaristía que hemos celebrado. Explique al niño que el recibir la sagrada comunión nos ayuda a crecer en santidad.

### Ir en paz

Juntos, preparen una gráfica con ideas "de paz" para la familia, por ejemplo: hacer algo por alguien que está cansado. Recuerde que la paz empieza primero con cada individuo y cada familia y luego pasa a los demás. También puede pensar en formas de llevar paz a la parroquia y a la escuela.

### Resumen de la fe

- Recibimos a Jesucristo, nuestro Pan de Vida, en la comunión.

- Después de terminar la misa seguimos amando y sirviendo a Dios y a los demás.

# REVIEW ■ TEST

Jesus wants us to be fair. He wants us to be peacemakers.

List two ways you can be fair.

**1.** _____

**2.** _____

List two ways you can be a peacemaker.

**3.** _____

**4.** _____

**5.** What do we answer when the priest or deacon says, "Go in peace to love and serve the Lord"?

_____

Jesús, ayúdanos
a crecer y a
cambiar durante
la Cuaresma.

## NUESTRA VIDA

Miren las fotografías.
Túrnense para decir cómo cada
una de las cosas crece y cambia.

Menciona otras cosas que
crecen y cambian.

## COMPARTIENDO LA VIDA

Imagina un mundo donde nada
crece o cambia. ¿Qué parecería?

Piensa en que nunca creces. ¿Quieres
quedarte como eres ahora toda la vida?
Explica por qué o por qué no.

# 20 Lent

## OUR LIFE

Look at the pictures.
Take turns telling how each thing
grows and changes.

Name other things that grow
and change.

## SHARING LIFE

Imagine a world where nothing ever
grew or changed. What would it
be like?

Suppose you never grew.
Would you always want to be just
the way you are right now?
Tell why or why not.

**Cuaresma** son cuarenta días antes de la Pascua de Resurrección.

## La Cuaresma es un tiempo para crecer

La Cuaresma es un tiempo especial antes de la Pascua de Resurrección. Es un tiempo para cambiar cosas que necesitamos cambiar y crecer como católicos. Durante los cuarenta días de Cuaresma, nos preparamos para la Pascua de Resurrección. También rezamos por los que se están preparando para el Bautismo.

Durante la Cuaresma podemos hacer algo especial por alguien. Podemos:

- hacer tareas extras en la casa
- cuidar de nuestros hermanos
- rezar por alguien que se está preparando para ser bautizado

Podemos decidir ser más generosos. Podemos:

- ser amables con todo aquel que conocemos
- dejar de ver nuestro programa de televisión favorito

- compartir nuestros juguetes y merienda
- junto con otros miembros de mi familia ayudar a una persona necesitada.

**Our Catholic Faith**

## Lent Is a Time to Grow

Lent is a special time before Easter. It is a time for us to change things we need to change, and to grow in our Catholic faith. During the forty days of Lent, we prepare for Easter. We also pray for those who are preparing for Baptism.

During Lent we can do something special for someone else. We can:

- do extra chores at home

- take care of a younger brother or sister

- pray for someone preparing for Baptism.

We can decide to be more generous. We can:

- be kind to everyone we meet

- give in and let others watch their favorite TV program

- share our snacks and toys

- with our family, help a poor or needy person.

## ACERCANDOTE A LA FE

Explica a alguien lo que significa la Cuaresma.

Comparte como podemos acercarnos a Jesús durante la Cuaresma.

## VIVIENDO LA FE

Escribe en la fuente de agua, como mostrarás que estás tratando de hacer crecer tu amistad con Dios y con los demás.

## †Oración para la Cuaresma

**Guía:** Vamos a pensar en las formas en que podemos cambiar y aumentar nuestra fe cristiana en esta Cuaresma. Jesús, queremos acercarnos a ti esta Cuaresma.

**Todos:** Jesús, ayúdanos a acercarnos a ti.

**Guía:** Queremos ser amables como tú.

**Todos:** Jesús, ayúdanos a acercarnos a ti.

**Guía:** Jesús dijo: "Ama a Dios con todo tu corazón y a los demás como a ti mismo".

**Todos:** Jesús, ayúdanos a acercarnos a ti.

**Guía:** Ayúdanos Jesús, a amar a Dios y a los demás siendo amables y justos con todos.

**Todos:** Amén.

## Coming To Faith

Tell someone what Lent means.

Share how we can come closer to Jesus during Lent.

## Practicing Faith

In the fountain pool, write how you will show you are trying to grow in friendship with God and others.

### †Lenten Prayer Service

**Leader:** Let us think about ways we can change and grow in our Christian faith this Lent. Jesus, we want to come closer to You this Lent.

**All:** Jesus, help us to come closer to You.

**Leader:** We want to be kind like You.

**All:** Jesus, help us to come closer to You.

**Leader:** Jesus said, "Love God with all your heart. Love others as you love yourself."

**All:** Jesus, help us to come closer to You.

**Leader:** Help us, Jesus, to love God and others by being kind and fair to everyone.

**All:** Amen.

# REPASO

Colorea el círculo al lado de la respuesta correcta.

**1.** El tiempo especial antes de la Pascua de Resurrección se llama

◯ Cuaresma. ◯ Navidad.

**2.** La Cuaresma dura

◯ treinta días. ◯ cuarenta días.

**3.** La Cuaresma es un tiempo para crecer en

◯ egoísmo. ◯ fe cristiana.

**4.** Escribe una cosa que harás para acercarte a Jesús.

---

## FE VIVA EN EL HOGAR Y EN LA PARROQUIA

Esta lección dirige a los niños a un entendimiento más profundo de lo que es la Cuaresma en la vida de la Iglesia y en nuestras propias vidas. La Cuaresma es un tiempo de conversión al camino de Jesucristo. Al principio de la Cuaresma, recibimos cenizas que nos recuerdan nuestra mortalidad. Se nos llama al arrepentimiento de nuestros pecados y errores por medio de la oración, la limosna y el ayuno. Nos unimos a nuestra parroquia en la oración por los que se preparan para el Bautismo. Reflexionamos en nuestra participación en la pasión, muerte y resurrección de Jesús y renovamos nuestros esfuerzos de vivir nuestro Bautismo siguiendo las huellas de Jesús.

Ayude a su niño a aprender el *Resumen de la fe*. Anímele a memorizar las afirmaciones.

### Resumen de la fe

- La Cuaresma es un tiempo para crecer en nuestra fe.

- La Cuaresma es un tiempo especial para mostrar amor a Dios, a los demás y a nosotros mismos.

# REVIEW ▪ TEST

Fill in the circle beside the correct answer.

**1.** The special time before Easter is called
   ○ Lent.          ○ Christmas.

**2.** Lent has
   ○ three days.     ○ forty days.

**3.** Lent is a time to grow in
   ○ selfish ways.   ○ Christian faith.

**4.** Tell one thing you will do to come closer to Jesus.

# FAITH ALIVE AT HOME AND IN THE PARISH

This week your child was led to a deeper understanding of the meaning of Lent in the life of the Church and in his or her own life. Lent is a time of ongoing conversion to the way of Jesus Christ. At the beginning of the Lenten season, we receive ashes to remind us of our mortality. We are encouraged to repent for our sins and failings through prayer, self-denial, and fasting. We join with our parish in praying for those preparing for Baptism. We reflect on our participation in the passion, death, and resurrection of Jesus and renew our efforts to live our Baptism by following the way of Jesus.

Work together with your child on the *Faith Summary*. Encourage your child to learn the statements by heart.

**Faith Summary**

- Lent is a time to grow in our faith.
- Lent is a special time to show our love for God, others, and ourselves.

## NUESTRA VIDA

Termina de escribir esta poesía de primavera.
Si quieres puedes tratar de hacerla rimar.

Guarda tus abrigos,
es hora de salir y _____.

Olvida la nieve del invierno,
las flores han empezado a _____.

El dorado sol está brillando
vamos nuestras cometas a _____.

La Pascua de Resurrección se acerca,
Aleluya vamos a _____.

¿Qué te gusta de la primavera?

## COMPARTIENDO LA VIDA

¿Cómo te hace sentir la nueva
vida a tu alrededor?

¿Qué nos dice sobre Dios esta
estación de nueva vida?
¿Qué nos dice de nosotros?

## OUR LIFE

Help write this springtime poem.
If you want, try to make it rhyme.

Put all your heavy coats away,
It's time to go outside and _____.

Forget about the winter snow,
The flowers have begun to _____.

The sun is warm, a golden light.
The wind is strong, go fly a _____.

Easter is not far away.
Christ is risen, shout _____!

What do you like about spring?

## SHARING LIFE

How does all the new life around
you make you feel?

What does this season of new life
tell us about God? about ourselves?

### Nueva vida

La Pascua de Resurrección es tiempo de nueva vida para la Iglesia. Es un tiempo cuando muchos son bautizados. Durante la Pascua de Resurrección celebramos que Jesús resucitó de la muerte. Damos gracias a Jesús por compartir su nueva vida con nosotros.

En Estados Unidos y otros países se colorean huevos durante este tiempo. El huevo es una señal de nueva vida. De momento parece no tener vida. Luego un día un pollito sale del cascarón y nace. Los huevos de pascua recuerdan que Jesús nos da nueva vida.

Celebramos esta nueva vida con todos los miembros de nuestra parroquia. En una forma especial, nos sentimos alegres junto a los que son bautizados y los que reciben la Eucaristía por primera vez durante la Pascua de Resurrección.

Encendemos una vela especial en la iglesia. Es el cirio pascual. Nos recuerda que Jesús resucitó de la muerte y está siempre con nosotros.

## New Life

Easter is a time of new life in the Church. It is a time when many people are baptized. At Easter we celebrate that Jesus rose from the dead. We thank Jesus for sharing His new life with us.

We color eggs at Easter time. The egg is a sign of new life. For a while it seems to be without life. Then one day a baby chick breaks through the shell and is born. Easter eggs remind us that Jesus gives us new life.

We celebrate this new life with all in our parish. In a special way, we are happy with people who are baptized at Easter and receive the Eucharist for the first time.

We light a special candle in our church. It is the Easter candle. It reminds us that Jesus is risen from the dead and is with us always.

## ACERCANDOTE A LA FE

¿Por qué celebramos la Pascua de Resurrección?

¿Cuál es tu signo de nueva vida favorito durante la Pascua de Resurrección? ¿Por qué?

## VIVIENDO LA FE

¿Qué harás para celebrar la nueva vida de Jesús esta Pascua de Resurrección?

1. _____ está en bata pero no en bote.

2. _____ está en luna pero no en cuna.

3. _____ está en meta pero no en mata.

4. _____ está en lata pero no en pata.

5. _____ está en uva pero no en Eva.

6. _____ está en yate pero no en mate.

7. _____ está en casa pero no en ojo.

Escribe la palabra aquí:

___ ___ ___ ___ ___ ___ ___
1    2    3    4    5    6    7

¡Jesucristo ha resucitado!

Comparte esta palabra con alguien que tú quieres. Juntos digan:
¡Cristo ha resucitado _____!

## COMING TO FAITH

Why do we celebrate Easter?

What is your favorite Easter sign of new life? Why?

## PRACTICING FAITH

What will you do to celebrate Jesus' new life at Easter?

Find the word we say on Easter.

1. ____ is in bat but not in bet.

2. ____ is in let but not in pet.

3. ____ is in lake but not in take.

4. ____ is in met but not in mat.

5. ____ is in lap but not in cap.

6. ____ is in luck but not in lick.

7. ____ is in sit but not in sat.

8. ____ is in beat but not in beet.

Write the word here.

___ ___ ___ ___ ___ ___ ___ ___
 1   2   3   4   5   6   7   8

Jesus Christ is risen!

Share this Easter word with someone you love.
Say together,
Christ is risen! _____!

## Una representación de la Pascua de Resurrección

**Lector:** Temprano el domingo en la mañana, María Magdalena, una amiga de Jesús, fue a visitar la tumba.

**María:** (llorando) Oh, no puedo creer que ha muerto. Lo extraño tanto.

**Lector:** Cuando María Magdalena llegó a la tumba vio que la gran roca había sido movida.

**María:** (sorprendida) ¡La tumba está vacía! ¿Dónde está Jesús?

**Lector:** María se fue corriendo donde Pedro y Juan.

**María:** ¡Pedro! ¡Juan! Se han llevado el cuerpo de Jesús.

**Pedro y Juan:** ¿De qué hablas? Eso es es imposible.

**Lector:** Pedro y Juan corrieron hacia la tumba de Jesús. Juan llegó primero y miró. Luego entró Pedro. El vio la ropa con que enterraron a Jesús.

**Pedro y Juan:** ¡Jesús ha resucitado! Estemos alegres.

**Todos:** (cantando) Aleluya, aleluya, aleluya.

Basado en Juan 20:1–10

## An Easter Play

**Reader:** Early on Sunday morning, Mary Magdalene, a friend of Jesus, went to visit the tomb.

**Mary:** (crying) Oh, I can't believe He's gone. I miss Him so much!

**Reader:** When Mary got to the tomb, the big rock was moved away.

**Mary:** (surprised) The tomb is empty! Where is Jesus?

**Reader:** Mary went running to Peter and John.

**Mary:** Peter! John! They have taken away the body of Jesus!

**Peter and John:** What are you talking about? That's impossible!

**Reader:** Peter and John raced to Jesus' tomb. John reached the tomb first and looked in. Then Peter went in. He saw the burial cloths.

**Peter and John:** Jesus is risen! Let us rejoice!

**All:** (sing) Alleluia, alleluia, alleluia!

From John 20: 1–10

# REPASO

Colorea el círculo al lado de la respuesta correcta.

**1.** Jesús resucitó de la muerte en

◯ Pascua de Resurrección.   ◯ el Jueves Santo.

**2.** El cirio pascual nos recuerda

◯ el nacimiento de Jesús.   ◯ la resurrección.

**3.** La Iglesia acepta nuevos miembros con el sacramento de

◯ la Reconciliación.   ◯ el Bautismo.

**4.** Cuenta una historia que sepas sobre la Pascua de Resurrección.

## FE VIVA EN EL HOGAR Y EN LA PARROQUIA

Esta lección enseña con profundidad la historia de Pascua de Resurrección. El misterio pascual (vida, muerte y resurrección de Jesús) es una creencia fundamental de nuestra fe cristiana y todas nuestras fiestas litúrgicas se relacionan con él. Es el centro de nuestra vida cristiana.

La Pascua de Resurrección no es sólo una conmemoración de la muerte y resurrección de Jesús, sino que es también la manifestación de la nueva vida que compartimos con Jesús. Por eso la Iglesia acoge nuevos miembros por medio de los sacramentos de iniciación (Bautismo, Confirmación y Eucaristía).

Junto con el niño revise *el Resumen de la fe*. Anime al niño a aprender de memoria las afirmaciones.

**Resumen de la fe**

- Jesús resucitó de la muerte el Domingo de Pascua.

- Celebramos la nueva vida de Jesús.

# REVIEW ■ TEST

Fill in the circle beside the correct answer.

**1.** Jesus rose from the dead on

⭘ Easter.　　⭘ Holy Thursday.

**2.** The Easter candle reminds us that

⭘ Jesus is born.　⭘ Jesus is risen.

**3.** New members come into the Church in the sacrament of

⭘ Reconciliation.　⭘ Baptism.

**4.** Tell the story you learned about the first Easter.

# FAITH ALIVE AT HOME AND IN THE PARISH

This week your child was drawn more deeply into the Easter story. The paschal mystery (the life, death, and resurrection of Jesus) is a fundamental belief of our Christian faith, and all our liturgical feasts are related to it. It is at the center of our whole Christian life.

Easter is not only the commemoration of the death and resurrection of Jesus, but also the manifestation of the new life we share in and through Him. That is why this is the time for the Church to welcome new members through the sacraments of initiation—Baptism, Confirmation, and Eucharist.

Work together with your child on the *Faith Summary*. Encourage your child to learn the statements by heart.

**Faith Summary**

- Jesus rose from the dead on Easter.
- We celebrate Jesus' new life.

Jesús, te amamos,
quédate con
nosotros.

## NUESTRA VIDA

Juan y su madre están leyendo esta
noticia. Léela con ellos.

**BOLETÍN †PARROQUIAL**

**BUENA NOTICIA**

Nuestros estudiantes de segundo
curso se están preparando para
hacer la primera comunión.
Necesitamos la ayuda de todos.
Voluntarios para ser "amigos
de fe". Oraciones y apoyo para los
niños en todas las etapas del
programa. Para ayudar
en celebraciones
parroquiales. Ven y
comparte el regalo de Jesús.

¿Cómo te estás preparando
para la primera comunión?

## COMPARTIENDO LA VIDA

¿Quién te ayudará a preparar para la
primera comunión?

Jesus, we love You. Stay with us.

## OUR LIFE

Jimmy and his mom are reading this notice. Read with them.

**PARISH + BULLETIN**

### GOOD NEWS

Our second graders are preparing for First Holy Communion. We need everyone's help. Volunteer to be a "faith friend." Pray and encourage the children each step of the way. Help with special parish celebrations. Come and share the gift of Jesus!

How are you preparing for First Communion?

## SHARING LIFE

Who will help you prepare for Holy Communion?

**Amén** es una palabra que significa "sí creo".

## Recibiendo la sagrada comunión

Como señal de respeto a Jesús, los católicos ayunan una hora antes de recibir la sagrada comunión. Esto quiere decir que no comemos ni bebemos, una hora antes del momento de la comunión. Tomar agua o medicina no rompe el ayuno.

Durante la misa preparamos nuestros corazones para dar la bienvenida a Jesús, quien viene a nosotros en la sagrada comunión. Cuando llega el momento de la comunión, el sacerdote o el ministro eucarístico sostiene la Hostia frente a cada uno de nosotros y dice: "El cuerpo de Cristo".

Creemos que Jesús está realmente presente en la sagrada comunión y decimos: "Amén".

Puedes elegir recibir la Hostia en tus manos. Para ello pon tu mano derecha debajo de la izquierda y levántalas con las palmas hacia arriba, para recibir la Hostia. Luego usas tu mano derecha para agarrar la Hostia y llevarla a la boca.

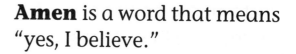

## Our Catholic Faith

**Amen** is a word that means "yes, I believe."

### Receiving Holy Communion

As a sign of respect for Jesus, Catholics fast before receiving Holy Communion. This means that we do not eat or drink anything for one hour before Communion time. Drinking water does not break our fast.

All during the Mass, we prepare our hearts to welcome Jesus, who comes to us in Holy Communion. When Communion time comes, the priest or eucharistic minister holds the Host up to each of us and says, "The body of Christ."

We believe that Jesus is really present in Holy Communion. We say, "Amen".

You can choose to receive the Host in your hand. To do this you put your right hand under the left and hold your hands out, palms up, to receive the Host. You then use your right hand to put the Host in your mouth.

Puede que quieras recibir la Hostia directamente en tu boca. Levanta la cabeza, abre la boca y saca un poco la lengua. El sacerdote pone la Hostia en tu lengua.

Después de recibir a Jesús en la sagrada comunión, regresamos a nuestro lugar a rezar y a cantar. La palabra *comunión* significa que estamos unidos a Jesús y a los demás.

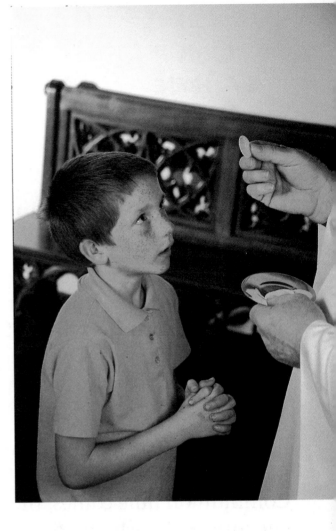

Jesús está realmente presente con nosotros. Podemos decir a Jesús cualquier cosa que tengamos en nuestro corazón. Podemos hacer esta oración o una de nuestra propia imaginación.

† Quédate conmigo, Jesús.
Ayúdame a hacer lo correcto.
Quédate conmigo, Jesús,
todo el día y toda la noche.

Gracias Jesús, por venir a mí.

Bendice a _____.

Ayúdame a _____

_____.

You can also choose to receive the Host on your tongue. You hold your head up and gently put out your tongue. The priest puts the Host on your tongue.

After we receive Jesus in Holy Communion, we return to our places to pray and sing. The word *Communion* means that we are united with Jesus Christ and one another.

Jesus is really present with us. We can tell Jesus whatever is in our hearts. We can say this special prayer or make up our own prayer.

† Stay with me, Jesus.
 Help me do what is right.
 Stay with me, Jesus,
 Each day and each night.

Thank You, Jesus, for coming to me.

Please bless _____.

Please help me to _____

_____.

# Acercandote a la Fe

Practica las formas en que puedes
recibir la sagrada comunión.

¿Qué hacemos después que recibimos
a Jesús?

¿Qué podemos decir para dar gracias a
Jesús por estar realmente presente en la
sagrada comunión?

## Viviendo la Fe

Durante esta semana, cada vez que
hagas algo para prepararte para la
sagrada comunión escribe la palabra
*amén* en el corazón. Díganse unos a
otros en la clase lo que esperan hacer.

Luego túrnense para rezar:
† Jesús, ayúdanos a prepararnos para ti

## Coming To Faith

Act out the ways we can receive Holy Communion.

What do we do after receiving Jesus?

What can we say to thank Jesus for being really present in Holy Communion? Share your thoughts.

## Practicing Faith

Each time this week you do something to get ready for Holy Communion write the word *Amen* in the heart. Tell one another what you hope to do.

Then take turns praying,
† Jesus, help us to prepare for You by

_____.

# REPASO

Encierra en un círculo la respuesta correcta.

**1.** Podemos recibir la sagrada comunión

sólo los domingos.    una vez a la     cada vez que
semana.    vamos a misa.

**2.** No comemos ni bebemos nada _____ antes de comulgar.

un día    cuatro horas    una hora

**3.** Cuando escuchamos las palabras: "El cuerpo de Cristo", contestamos:

"Amén".    "Gracias a Dios".    "Y con tu espíritu".

**4.** La palabra *amén* significa

Jesús.    sí, creo.    gracias.

**5.** Explica lo que harás después que recibas a Jesús.

## FE VIVA   EN EL HOGAR Y EN LA PARROQUIA

Esta lección explica como recibir a Jesús en la sagrada comunión. Para muchos católicos adultos, el día de la primera comunión se recuerda gratamente. Este momento puede ser un importante suceso en la relación personal que su hijo desarrolle con Jesús.

Su hijo necesita el entusiasmo y la oración de la familia y la parroquia cuando se está preparando para la primera comunión. Esto le ayudará a entender y a apreciar el día que reciba a Jesús por primera vez. Hable con su niño sobre:

- sus sentimientos cuando recibe a Jesús en la sagrada comunión;
- qué decir a Jesús;
- cómo quiere usted vivir su fe católica.

**Resumen de la fe**

- Creemos que Jesús está realmente presente en la sagrada comunión.

- Damos gracias a Jesús después de recibir la sagrada comunión.

# REVIEW ■ TEST

Circle the correct answer.

**1.** We can receive Holy Communion

only on Sundays.   once a week.   every time we go to Mass.

**2.** Before Communion time, we do not eat or drink anything for

one day.        four hours.        one hour.

**3.** When we hear the words, "The body of Christ," we answer

"Amen."     "Thanks be to God."      "And also with you."

**4.** The word *Amen* means

Jesus.        Yes, I believe.        thank You.

**5.** Tell what you will do after receiving Jesus.

## FAITH ALIVE AT HOME AND IN THE PARISH

This week your child has learned how to receive Jesus in Holy Communion. For many adult Catholics, the day of their First Holy Communion is still a fond memory. It can be a milestone in the personal relationship your child is developing with Jesus.

Your child needs the enthusiastic and prayerful support of your family and parish at this time. This will help your child understand and appreciate more fully the great day when they receive Jesus for the first time in Holy Communion. Talk to your child about

■ your feelings when you receive Jesus in Holy Communion
■ what you say to Jesus
■ how you want to live your Catholic faith.

**Faith Summary**

• We believe that Jesus is really and truly present in Holy Communion.

• After we have received Holy Communion, we thank Jesus for coming to us.

# Celebramos nuestra vida con Jesús

## NUESTRA VIDA

El padre de Lili y Andrés es un científico que está trabajando en Argentina. El tiene que estar allí por un tiempo. Los niños le prometieron comunicarse con él enviándole cintas grabadas todas las semanas. Llenaron las cintas con todas las noticias de la casa.

¿Qué crees que le dirían?

¿Qué te ayuda a sentirte cerca de los que amas?

## COMPARTIENDO LA VIDA

¿Cómo te sientes cuando alguien a quien amas está lejos? ¿Por qué?

¿Cuáles son algunas formas en que podemos estar cerca de los que amamos cuando no están con nosotros?

¿Cómo podemos estar cerca de Jesús?

Jesus, thank You for being with us always.

## OUR LIFE

Jenny's and Andrew's father was a scientist in Antarctica. He had to be away for a long time. They promised to keep in touch with him by sending him a cassette each week. They filled their cassettes with all the news from home.

What do you think they told him?

What helps you to feel close to those you love?

## SHARING LIFE

How do you feel when someone you love is far away? Why?

What are some ways we can be close to people we love when they are far away?

How can we stay close to Jesus?

## Jesús está con nosotros

Jesús prometió a sus amigos que resucitaría de la muerte. Pero después de la muerte y sepultura de Jesús, sus amigos olvidaron su promesa. Ellos estaban tristes y tenían miedo.

En la mañana de resurrección, dos de los discípulos de Jesús iban de Jerusalén a una villa llamada Emaús. Mientras caminaban, Jesús mismo se les unió y caminó con ellos. Ellos vieron a Jesús pero no lo reconocieron. Pensaron que era un extraño.

Cuando estaban llegando a Emaús, Jesús empezó a separarse de ellos. Entonces ellos le dijeron: "Quédate con nosotros".

Jesús se sentó a comer con ellos. El tomó el pan y lo bendijo. Entonces partió el pan y se lo dio en la misma forma que lo hizo durante la última Cena. En ese momento, los amigos de Jesús lo reconocieron.

Basado en Lucas 24:13–35

## Jesus Is with Us

Jesus promised His friends that He would rise from the dead. But after Jesus died and was buried, His friends forgot Jesus' promise. They were sad and afraid.

On Easter morning, two of Jesus' disciples were walking from Jerusalem to a village called Emmaus. As they walked along, Jesus Himself joined them and walked with them. They saw Jesus but they did not recognize Him. They thought He was a stranger.

When they came near Emmaus, Jesus started to leave them. They said, "Please stay with us."

Jesus sat down with them to eat. He took some bread and said the blessing. Then He broke the bread and gave it to them just the way He had done at the Last Supper. At that minute, Jesus' friends recognized Him.

From Luke 24:13–35

**Santísimo Sacramento** es otro nombre para la Eucaristía. Jesús está realmente presente en el Santísimo Sacramento.

Los amigos de Jesús lo reconocieron al partir el pan. Nosotros también reconocemos a Jesús cuando viene a nosotros en la sagrada comunión. El está con nosotros como nuestro Pan de Vida.

Jesús está presente en nuestra iglesia. Llamamos a las Hostias consagradas que no son usadas durante la misa, Santísimo Sacramento. El Santísimo Sacramento se guarda en el Tabernáculo. Ahí podemos visitar a Jesús.

Jesús está siempre con nosotros. El está presente en una forma especial en los pobres, y los enfermos. El nos ayuda a vivir como sus discípulos y a crecer en nuestra fe católica.

Jesús dijo: "Donde dos o tres se reúnen en mi nombre, ahí estoy en medio de ellos".

**Blessed Sacrament** is another name for Eucharist. Jesus is really present in the Blessed Sacrament.

Jesus' friends recognized Him when He broke the bread. We also recognize Jesus when He comes to us in Holy Communion. He is with us as our Bread of Life.

Jesus remains present in our parish church. We call the consecrated Hosts left over from Mass the Blessed Sacrament. We keep the Blessed Sacrament in a special place called the tabernacle. We can visit Jesus there.

Jesus is always with us. He is present in a special way in the poor and the sick. He helps us to live as His disciples and grow in our Catholic faith so that we can be with him forever in heaven.

Jesus said, "Wherever two or three of My friends meet together in My name, I will be present with them."
From Matthew 18:20

221

## ACERCANDOTE A LA FE

Escenifica la historia de los discípulos de Jesús camino a Emaús.

Imagina que un nuevo niño ha llegado al grupo y no tiene amigos. ¿Cómo lo tratarías? ¿Qué crees que Jesús quiere que tú hagas?

¿Cómo te sientes al saber que Jesús está siempre contigo?

## VIVIENDO LA FE

Colorea una piedra en la acera de oración cada vez que recuerdes que Jesús está contigo.

Jesús, estás conmigo
- cuando el pan y el vino se convierten en tu Cuerpo y Sangre en la misa.
- cuando recibo la sagrada comunión.
- cuando rezo con mis amigos.
- cuando trato de ser justo con todo el mundo.

## Coming To Faith

Act out the story of Jesus and His followers at Emmaus.

Imagine that a new child has come into your group and has no friends. How will you treat her or him? What do you think Jesus would want you to do?

How do you feel knowing that Jesus is always with you?

## Practicing Faith

Color a stone on the prayer walk each time you remember that Jesus is with you.

Jesus, You are with me
• when bread and wine become Your Body and Blood at Mass.
  • when I receive Holy Communion.
    • when my friends and I pray together.
      • when I try to be fair to everyone.

# REPASO

Encierra en un círculo la respuesta correcta.

**1.** La Historia de Emaús nos cuenta que los amigos de Jesús lo reconocieron cuando

    **a.** caminaba.     **b.** partió el pan.  **c.** salió.

**2.** El Santísimo Sacramento se guarda en un lugar llamado:

    **a.** santuario.     **b.** altar.     **c.** tabernáculo.

**3.** Jesús dijo: "Cuando dos o más de mis amigos se reúnen en mi nombre estaré

    **a.** recordándolos". **b.** dejándolos".  **c.** con ellos".

**4.** Otro nombre para la Eucaristía es

    **a.** Liturgia.     **b.** tabernáculo.  **c.** Santísimo Sacramento.

**5.** Cuenta la historia de Jesús y sus amigos en la calzada de Emaús

## FE VIVA EN EL HOGAR Y EN LA PARROQUIA

Esta lección enseña que Jesús está siempre con nosotros. Después de recibir a Jesús en la sagrada comunión, él sigue con nosotros en nuestra vida diaria. Jesús está presente en el Santísimo Sacramento en la iglesia de nuestra parroquia. También encontramos a Jesús en la gente. La Iglesia nos recuerda que encontramos al Señor resucitado de manera especial cuando ayudamos a los más pobres y necesitados. La familia debe ser el lugar donde el niño encuentre y viva a Jesús, debe ser un lugar de amor y perdón.

### La presencia de Jesús en la misa

Los niños aprendieron que Jesús está con nosotros en la misa. El está con nosotros en la Liturgia de la Palabra y en la Liturgia de la Eucaristía. Está con nosotros en la asamblea y especialmente en la sagrada comunión. Es importante que la familia asista a misa. Antes de la misa recuerde a su hijo la presencia de Jesús en la palabra de Dios, proclamada en las lecturas de la Escritura y en la sagrada comunión.

### Resumen de la fe

- Jesús está realmente presente en el Santísimo Sacramento.
- Jesús está con nosotros siempre que nos reunimos en su nombre.

# REVIEW ■ TEST

Circle the letter beside the correct answer.

**1.** On the road to Emmaus, Jesus' friends recognized Him when He

    **a.** walked with them.  **b.** broke bread.  **c.** started to leave.

**2.** The Blessed Sacrament is kept in a special place called the

    **a.** sanctuary lamp.    **b.** altar         **c.** tabernacle.

**3.** Jesus said, "Wherever two or three of my friends meet together in My name I will

    **a.** remember them."  **b.** leave them."  **c.** be present with them."

**4.** Another name for Eucharist is the

    **a.** Blessed Sacrament. **b.** tabernacle.    **c.** Liturgy of the Word.

**5.** Tell the story of Jesus' friends on the road to Emmaus.

# FAITH ALIVE AT HOME AND IN THE PARISH

Your child has learned that Jesus is with us always and in many ways. After we receive Jesus in Holy Communion, He continues to be with us in our daily lives. Jesus is present in the Blessed Sacrament reserved in our parish churches. We also encounter Jesus in the people we meet. The Church reminds us that we encounter the risen Christ in a special way when we reach out to the poor and to people in need. Above all, the family should be the place where your child continues to find and experience Jesus. It should be a place of love, forgiveness, and care.

### The Presence of Jesus at Mass

Your child learned that Jesus is with us at Mass. He is with us in the Liturgy of the Word and the Liturgy of the Eucharist. He is with us in the assembly gathered together. He is especially with us in Holy Communion. It is so important that you as a family participate in the Mass together. Before Mass, remind your child of the presence of Jesus in the word of God, which is proclaimed in the Scripture readings, and in Holy Communion.

### Faith Summary

- Jesus is really present in the Blessed Sacrament.

- Jesus is with us whenever we come together in His name.

## NUESTRA VIDA

Vamos a cantar una canción relacionada con la foto.

♪ No puedo tocar, no puedo tocar, es muy difícil, es muy difícil. Necesito alguien que me ayude. ¿Quién vendrá a ayudarme? Dime quien, dime quien.

No puedo hacerlo, no puedo hacerlo. No sé cómo, no sé cómo. Necesito alguien que me ayude. ¿Quién vendrá a ayudarme? Dime quien, dime quien. ♪

Habla de alguna de las personas que te ayudan. ¿A quién tú ayudas?

## COMPARTIENDO LA VIDA

¿Es más fácil hacer algo cuando alguien nos ayuda? ¿Por qué o por qué no?

Juntos hagan una lista de las formas en que Jesús quiere que ayudemos a los demás.

Jesus, help us to
serve one
another.

## OUR LIFE

Let's sing about the picture.
(To the tune of "Frère Jacques")

♫ I can't play it, I can't play it.
It's too hard, it's too hard.
Need someone to help me.
Who will come to help me?
Tell me who, tell me who.

I can't do it, I can't do it.
Don't know how,
    don't know how.
Need someone to help me.
Who will come to help me?
Tell me who, tell me who. ♫

Tell about some of the
people who help you.
Whom do you help?

## SHARING LIFE

Is it easier to do some things
when people help us?
Why or why not?

Together make a list of the
ways that Jesus wants us
to help other people.

## En nuestra Iglesia

Los discípulos de Jesús están listos para ayudar a todo el mundo. Esto demuestra que somos miembros de la comunidad de Jesús, la Iglesia.

Jesús nos ayuda a rezar, a amar y a servir a los otros como él lo hizo. El está en nuestra Iglesia de manera especial cuando celebramos los sacramentos.

Jesús da la bienvenida a todos para que sean sus amigos. En el sacramento del Bautismo, la Iglesia da la bienvenida a todos para compartir la nueva vida que tenemos con Jesús.

Jesús envía al Espíritu Santo para ayudar a su Iglesia. En el sacramento de la Confirmación, el Espíritu Santo viene a nosotros de manera especial para ayudarnos a vivir como discípulos de Jesús.

Jesús perdonó a los pecadores. En el sacramento de la Reconciliación, la Iglesia Católica celebra el perdón de Dios.

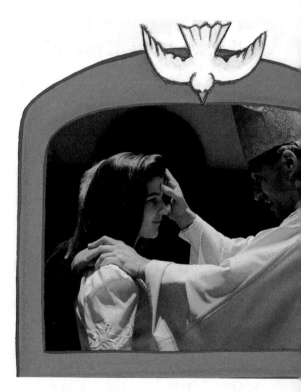

## In Our Church

Disciples of Jesus are ready to help all people. This shows that we are members of Jesus' community, the Church.

Jesus helps us to pray, love, and serve others as He did. He is with our Church in a special way when we celebrate the sacraments.

Jesus welcomed everyone to be His friend. In the sacrament of Baptism, the Church welcomes all people to share the new life we have with Jesus.

Jesus sent the Holy Spirit to help His Church. In the sacrament of Confirmation, the Holy Spirit comes to us in a special way to help us live as Jesus' disciples.

Jesus forgave people who sinned. In the sacrament of Reconciliation, the Catholic Church celebrates God's forgiveness.

Los sacramentos son signos poderosos donde Jesús comparte la vida y el amor de Dios con nosotros. Jesús está con nosotros en el sacramento de la Eucaristía. Podemos pedir su ayuda para vivir la fe católica cuando lo recibimos en la sagrada comunión.

## En nuestra parroquia y familia

Nuestra parroquia es nuestro hogar en la Iglesia Católica. Jesucristo está con nosotros cuando nos reunimos con nuestra familia parroquial para rezar y adorar a Dios.

Jesús quiere que celebremos los sacramentos con frecuencia junto a nuestra familia parroquial. Especialmente, Jesús está en nuestra familia parroquial cuando celebramos el sacramento de la Eucaristía.

Jesús está también con nosotros cuando trabajamos en nuestra parroquia y en nuestras familias para amar y servir a los demás, especialmente a los necesitados. Si alguien necesita comida o un lugar para vivir, nuestra parroquia debe tratar de ayudarle.

Recuerda que Jesús dijo: "Cuando hacen algo por estos más pequeños lo hacen por mí". Basado en Mateo 25:40

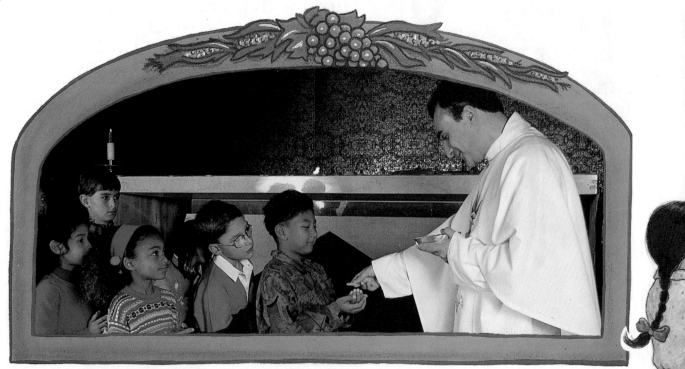

The sacraments are powerful signs through which Jesus shares with us God's life and love. Jesus is with us in the sacrament of the Eucharist. We can ask His help to live our Catholic faith when we receive Him in Holy Communion

## In Our Parish and Family

Our parish is our home in the Catholic Church. Jesus Christ is with us when we gather with our parish family to pray and worship God.

Jesus wants us to celebrate the sacraments often with our parish family. Most of all, Jesus is with our parish family when we celebrate the sacrament of the Eucharist.

Jesus is also with us when we work together in our parish and in our families to love and serve one another and those in need. If people need food to eat or a place to live, our parish must try to help.

Remember, Jesus says, "When you do something good for someone, you do it for Me."

From Matthew 25:40

231

# ACERCANDOTE A LA FE

Di como está Jesús con nosotros en
cada uno de estos sacramentos.

**Bautismo**          **Confirmación**

**Reconciliación**    **Eucaristía**

Habla de algún otro momento en
que Jesús está contigo.

# VIVIENDO LA FE

¿Qué harás para mostrar que eres un buen
miembro de tu parroquia o de tu familia?
Escribe tu plan en las palmas.
Luego agarrados de las manos canten:

♫ Podemos hacerlo, podemos hacerlo.
¡Sí podemos! ¡Sí podemos!
Podemos amar como Jesús.
El nos ayudará siempre.
¡Sí él siempre nos ayudará! ♫

Como miembro
de mi parroquia
..............
..............
..............

Como miembro
de mi familia
..............
..............
..............

## COMING TO FAITH

Tell how Jesus is with us in each of these sacraments.

**Baptism**          **Confirmation**

**Reconciliation**          **Eucharist**

Tell about another time when you know that Jesus is with you.

## PRACTICING FAITH

What will you do to show that you are a loving member of your parish? of your family? Write your plans in the helping hands. Then join hands and sing.

🎵 We can do it, we can do it.
Yes we can, yes we can!
We can love like Jesus.
He will always help us.
Yes He will, yes He will! 🎵

member of my parish

. . . . . . . . . . . . . . .

. . . . . . . . . . . . . . .

. . . . . . . . . . . . . . .

member of my family

. . . . . . . . . . . . .

. . . . . . . . . . . . .

. . . . . . . . . . . .

# REPASO

Encierra en un círculo la letra al lado de la respuesta correcta.

**1.** La Iglesia celebra el perdón de Dios en

**a.** la Confirmación. **b.** el Credo. **c.** la Reconciliación.

**2.** La Iglesia acoge nuevos miembros con

**a.** el Bautismo. **b.** la Eucaristía. **c.** la Reconciliación.

**3.** El Espíritu Santo viene a nosotros de manera especial en la

**a.** Eucaristía. **b.** Confirmación. **c.** Reconciliación.

**4.** Recibimos el Cuerpo y la Sangre de Cristo en

**a.** el Bautismo. **b.** la Eucaristía. **c.** la Confirmación.

**5.** Explica como los demás se darán cuenta de que eres amigo de Jesús.

## FE VIVA EN EL HOGAR Y EN LA PARROQUIA

Esta lección enseña que Jesús está con nosotros en nuestra Iglesia, parroquia, escuela y familia. Cada vez que rezamos en familia, Jesús está con nosotros. Podemos hacer esto todas las mañanas y todos las tardes, antes y después de las comidas. Especialmente podemos rezar con toda la familia parroquial en la misa.

Cada vez que la familia lee la Biblia, Jesús está presente. Especialmente Jesús está con nosotros cuando ayudamos a los que son más pobres y necesitados.

Después de la primera comunión, anime al niño a recibir la Eucaristía todos los domingos en la misa. Después que el niño celebre el sacramento de la Reconciliación por primera vez, ayúdele a desarrollar la práctica de celebrarlo con frecuencia.

**Resumen de la fe**

- La Iglesia Catolica nos ayuda a crecer en nuestra vida con Jesús.

- Jesús está con nosotros cuando celebramos los sacramentos, cuando rezamos juntos y cuando ayudamos a los necesitados.

# REVIEW ■ TEST

Circle the letter beside the correct answer.

**1.** The Church celebrates God's forgiveness in
**a.** Confirmation.    **b.** the Creed.    **c.** Reconciliation.

**2.** The Church welcomes us as new members in
**a.** Baptism.    **b.** Reconciliation.    **c.** the Eucharist.

**3.** The Holy Spirit comes to us in a special way in
**a.** the Eucharist.    **b.** Confirmation.    **c.** Reconciliation.

**4.** We receive Jesus' Body and Blood in
**a.** Baptism.    **b.** the Eucharist.    **c.** Confirmation.

**5.** Tell how others will know that you are a friend of Jesus.

## FAITH ALIVE AT HOME AND IN THE PARISH

Your child has learned that Jesus is with us in our Church, parish, school, and family. Each time we pray together as a family, Jesus is with us. We can do this each morning and evening and before and after our meals. Most of all, we can pray together with our whole parish family at Mass.

Each time your family reads the Bible together, Jesus is with you. Jesus is with you especially when you help others who are poor and in need.

After First Holy Communion, encourage your child to receive the Eucharist at Mass every weekend. After your child has celebrated the sacrament of Reconciliation for the first time, help her or him to develop the practice of celebrating it regularly.

**Faith Summary**

- The Catholic Church helps us to grow in our life with Jesus.
- Jesus is with us when we celebrate the sacraments, pray together, and help those in need.

Dios te salve María, llena eres de gracia; el Señor es contigo.

## Nuestra Vida

Cristóbal estaba listo para ir a la cama. Su madre entró a decirle buenas noches con una sonrisa. "Tengo una maravillosa noticia que contarte", le dijo.

"Alguien vendrá a vivir con nuestra familia. Vamos a tener un bebé".

Cristóbal saltó de contento. "Fantástico", dijo. "¿Cuándo vendrá el bebé? ¿Será varón o hembra?"

Su mamá lo abrazó y le dijo: "Ya veremos. Ahora vamos a pedir a María que cuide de nosotros y del bebé".

Cristóbal y su mamá rezaron a María. ¿Qué crees que le dijeron?

## Compartiendo la Vida

¿Cuál es tu oración favorita a María?

¿Por qué nosotros podemos llamar también a María nuestra madre?

**Mary, Our Mother**

Hail Mary,
full of grace,
the Lord is
with you.

## Our Life

Chris was almost ready for bed. His mom came in to say good night. She was smiling. "I have wonderful news to tell you, Chris," she said. "Someone new will be coming to our family. We're going to have a baby."

Chris jumped out of bed with excitement. "Great!" he said. "When will the baby come? Will it be a girl or a boy?"

Mom hugged him. She said, "We'll see. But for now let's ask Mary to take care of the baby and all of us."

So Chris and his mom prayed to Mary. What do you think they said?

## Sharing Life

What is your favorite prayer to Mary?

Why can we call Mary our mother, too?

**Angeles** son mensajeros especiales de Dios.

## María la madre de Jesús

En la Biblia leemos la historia cuando el primer hombre se alejó del amor de Dios, y pecó. Pero Dios lo amaba y prometió enviarle un Salvador.

El Salvador sería el Hijo de Dios. Para ser humano como nosotros el Hijo de Dios tendría que nacer de una mujer. Así que Dios eligió a María para ser la madre de Jesús.

Un ángel vino a María con un mensaje. Dios quería que María fuera la madre de su Hijo. María dijo sí a Dios. Ella dijo: "Yo soy la servidora del Señor. Hágase en mí como me has dicho".

Basado en Lucas 1:38

## FAITH WORD

**Angels** are special messengers of God.

## Mary the Mother of Jesus

In a Bible story we learned that the first people turned away from God's love and sinned. But God still loved them and promised to send a Savior.

The Savior would be the Son of God. To become one of us, the Son of God would need a human mother. So God chose Mary, even before she was born, to be the mother of Jesus.

One day an angel came to Mary with a message. God wanted Mary to be the mother of God's Son. Mary said yes to God. She said, "I am God's servant. May it happen to me as you have said."

From Luke 1:38

## María nuestra madre

María tenía una prima llamada Isabel. Isabel también esperaba un bebé aunque era muy vieja. Cuando Isabel vio que María venía a visitarla se dio cuenta de que María había sido escogida para ser la madre del Hijo de Dios. Isabel estaba muy contenta y le dijo a María: "Bendita tú eres entre todas las mujeres, y bendito es el fruto de tu vientre".

Basado en Lucas 1:42

Hoy rezamos una bonita oración donde usamos las palabras de Isabel. También usamos las palabras que el ángel dijo a María. Esta oración es llamada el Ave María. El Ave María es nuestra oración especial a María.

Antes de morir en la cruz Jesús nos entregó a María para que fuera también nuestra madre.

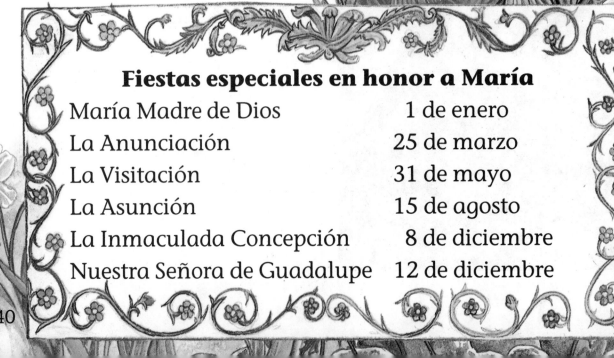

### Fiestas especiales en honor a María

| | |
|---|---|
| María Madre de Dios | 1 de enero |
| La Anunciación | 25 de marzo |
| La Visitación | 31 de mayo |
| La Asunción | 15 de agosto |
| La Inmaculada Concepción | 8 de diciembre |
| Nuestra Señora de Guadalupe | 12 de diciembre |

## Mary, Our Mother

Mary had a cousin named Elizabeth. Elizabeth was very old, but she was going to have a baby, too. When Elizabeth saw Mary coming to visit, she knew Mary had been chosen to be the mother of God's own Son. Elizabeth was filled with joy. She said to Mary, "Blessed are you among women, and blessed is the fruit of your womb."
From Luke 1:42

Today we pray a beautiful prayer in which we hear Elizabeth's words. We also hear the words of the angel to Mary. This prayer is called the Hail Mary. The Hail Mary is our very special prayer to Mary.

Before Jesus died on the cross, He gave Mary to us to be our mother, too.

### Special Feasts To Honor Mary

| | |
|---|---|
| Mary, Mother of God | January 1 |
| Annunciation | March 25 |
| Visitation | May 31 |
| Assumption | August 15 |
| Immaculate Conception | December 8 |
| Our Lady of Guadalupe | December 12 |

241

## ACERCANDOTE A LA FE

¿Por qué crees que Jesús nos dio a María como nuestra madre?

## VIVIENDO LA FE

¿Qué oración podemos rezar a María?

¿Cómo puedes mostrar que eres un hijo de María?

¿Cuándo rezarás el Ave María esta semana? Ahora en círculo y agarrados de las manos canten como oración final el Ave María.

# Coming To Faith

Why do you think Jesus gave us
Mary to be our mother?

# Practicing Faith

What prayer can we pray to Mary?
How can you show that you are
Mary's child?

When will you pray the Hail Mary
this week?

Now gather together in a circle,
holding hands. As our closing prayer,
let us sing the Hail Mary.

# REPASO

Encierra en un círculo la letra al lado de la respuesta correcta.

**1.** Los católicos rezan una oración especial a María llamada

   **a.** Señal de la Cruz.   **b.** el rosario.   **c.** el Credo.

**2.** Decimos "Bendita eres entre todas las mujeres..." en el

   **a.** Padre Nuestro.   **b.** Ave María.   **c.** Gloria al Padre.

**3.** El mensaje de Dios llegó a María por

   **a.** Isabel.   **b.** Jesús.   **c.** un ángel.

**4.** María fue a ayudar a su prima

   **a.** Isabel.   **b.** Carmen.   **c.** Julia.

**5.** Explica que harás para estar cerca de María.

## FE VIVA EN EL HOGAR Y EN LA PARROQUIA

La devoción a María ha sido siempre un rico aspecto de la espiritualidad católica. Fomentar la devoción a María temprano en la vida de los niños puede ayudarles a entender y a apreciar el lugar de María en nuestra fe católica.

Antes de morir en la cruz, Jesús nos dio a María como madre. María nos ama a cada uno de nosotros. Ella pide a Jesús que nos ayude a vivir como sus discípulos.

**Resumen de la fe**
- María es la madre de Jesús
- María es también nuestra madre.

# REVIEW ■ TEST

Circle the letter beside the correct answer.

**1.** Catholics pray a special prayer to Mary called the

    **a.** Sign of the Cross.   **b.** rosary.    **c.** Creed.

**2.** We pray "Blessed are you among women. . ." in the

    **a.** Hail Mary.       **b.** Our Father.  **c.** Glory to the Father.

**3.** Mary was given God's message by

    **a.** Elizabeth.       **b.** Jesus.    **c.** an angel.

**4.** Mary went to help her cousin

    **a.** Elizabeth.       **b.** Joseph.    **c.** Savior.

**5.** Tell what you will do to be very close to Mary.

# FAITH ALIVE AT HOME AND IN THE PARISH

Devotion to the Blessed Virgin Mary has always been a rich aspect of Catholic spirituality. Fostering devotion to Mary early in life may help your child to understand and appreciate Mary's place in our Catholic faith.

Before Jesus died on the cross, He gave Mary to us to be our mother. Mary loves each one of us. She asks Jesus to help us live as His disciples.

**Faith Summary**

- Mary is the mother of Jesus.
- Mary is our mother, too.

# Jesucristo está siempre con nosotros

## NuesTra ViDA

¿Cómo sabes que estás creciendo?

¿Qué puedes hacer ahora que no podías hacer cuando empezaste el segundo curso?

## CompaRTiENDO la ViDA

¿Qué fue lo que más te gustó del segundo curso?

¿Qué cosas de religión aprendiste en el segundo curso que te gustaron?

¿Cómo ha aumentado tu conocimiento de la fe católica?

# 26 Jesus Christ Is with Us Forever

Jesus, keep us in
Your loving
care.

## Our Life

How can you tell that you are growing up?

What things can you do now that you could not do when you began the second grade?

## Sharing Life

What did you like best about being in second grade?

What are some favorite things you have learned in your religion group this year?

How have you grown in living your Catholic faith?

**Jesús está con nosotros siempre.**
Este fue un año especial para ti, tu familia y para tu familia parroquial. Celebraste la Eucaristía con tu familia parroquial. Recibiste a Jesús en la comunión. ¡Cómo has crecido como seguidor, discípulo de Jesús!

Como cristianos creemos que Jesús murió y resucitó por nosotros. El nos ha dado su nueva vida que durará para siempre. Jesús nos promete que también podemos estar con Dios en el cielo para siempre.

Sabemos que Jesús está con nosotros dondequiera que estemos.

## Jesus Is with Us Forever

This was a very special year for you, for your family, and for your parish family. You celebrated the Eucharist fully with your parish family. You received Jesus in Holy Communion. How much you have grown as a disciple, or follower, of Jesus!

As Christians we believe that Jesus died and rose for us. He has given us His new life that lasts forever. Jesus promises that we, too, can be with God forever in heaven.

We know that Jesus is with us wherever we are.

peace  rezamos

justicia  Reconciliación

gospel  name

  Holy Communion

misa

## Juego

Juega este juego con un compañero. Te ayudará a recordar que Jesucristo está siempre con nosotros.

Empieza con el número 1. Túrnense para completar las oraciones. Usen las palabras en la lista. No olviden hablar acerca de los cuadros. Cuando terminen compartan las respuestas con toda la clase.

Jesus is with us when we go in _____ to love and serve the Lord.

## Game

Play this game with a partner. It will help you remember that Jesus Christ is with us always.

Start at number 1. Take turns completing the sentences. Use the words in the list above. Don't forget to talk about the pictures! When you are finished, share your answers with the group.

Jesús está con nosotros cuando ayudamos a otros y los tratamos con _____.

**5** Jesús está con nosotros cuando _____, durante las comidas, antes de acostarnos y en cualquier otro momento.

Jesus is with us as our Bread of Life when we receive Him in _____.

**6** Jesús está con nosotros cuando participamos en la _____.

**7** Jesús está con nosotros cuando celebramos el perdón de Dios en el sacramento de la _____.

Jesus is with us when two or three of us come together in His _____.

**8** Jesus is with us when we hear the _____ read at Mass each week.

## ACERCANDOTE A LA FE

Haz una bandera a Jesús. En la parte de atrás dile como te sientes de ser su discípulo.

## VIVIENDO LA FE

Lleva tu bandera mientras rezas esta oración que te recuerda como vivir como discípulo de Jesús.

## COMING TO FAITH

Make a Jesus banner. On the back, tell Him how you feel about being one of His disciples.

## PRACTICING FAITH

Carry your banner as you say this prayer to help you remember how to live as Jesus' disciples.

All through our lifetime
We'll stay close to Jesus.
We will say our prayers each day.
We'll be kind to those in need,
especially the sick and poor.

# REPASO

Encierra en un círculo la letra al lado de la respuesta correcta.

**1.** Jesús está con nosotros
    **a.** sólo en la misa.
    **b.** sólo cuando somos buenos.
    **c.** siempre.

**2.** Jesús prometió el cielo sólo a
    **a.** algunas personas.
    **b.** todo el mundo.
    **c.** unos pocos.

**3.** Jesús nos prometió que
    **a.** nunca sufriríamos.
    **b.** estaríamos con Dios para siempre.
    **c.** nunca enfermaríamos.

**4.** Jesús dijo: "El que coma de este pan
    **a.** vivirá eternamente".
    **b.** siempre tendrá hambre".
    **c.** siempre querrá más".

**5.** Explica lo que harás este verano para seguir a Jesús.

## FE VIVA EN EL HOGAR Y EN LA PARROQUIA

Los niños completaron el libro de segundo curso *Acercándote a Jesús*. Han aprendido lo que significa seguir a Jesús en el hogar y en la parroquia y han sido animados a practicar y vivir nuestra fe. Felicidades por ayudar a su hijo a continuar creciendo en el amor y practicando nuestra fe. Usted juega un papel importante en la catequesis de su hijo.

**Un enfoque amistoso**
Al terminar el programa de segundo curso puede que quiera escribir una nota breve al catequista de su hijo sobre el aprecio de su niño por el programa. Escriba sobre los beneficios que su hijo obtuvo del programa y como el programa puede mejorar.

**Resumen de la fe**
- Jesucristo promete estar con nosotros siempre.
- Tratamos de acercarnos más a Jesús cada día.

# REVIEW ■ TEST

Circle the letter beside the correct answer.

**1.** Jesus is with us
   **a.** only at Mass.
   **b.** only when we are good.
   **c.** in many ways.

**2.** Jesus gave the promise of heaven to
   **a.** some people.
   **b.** all people.
   **c.** a few people.

**3.** Jesus promised that we
   **a.** will never suffer.
   **b.** will be with God forever.
   **c.** will never be sick.

**4.** Jesus said, "The one who eats this bread
   **a.** will live forever."
   **b.** will be hungry forever."
   **c.** will always need more."

**5.** Tell what you will do to follow Jesus this summer.

# FAITH ALIVE AT HOME AND IN THE PARISH

Your child has now completed *Coming to Jesus*, the second grade book. He or she has learned what it means to follow Jesus at home and in your parish and has been encouraged to practice and live our faith. Congratulations on helping your child continue to grow in the love and practice of our faith. You play the critical role in the catechesis of your child.

## A Friendly Focus

As the second grade program ends, you might want to write a brief note to your child's teacher and focus on a year-end appraisal of your child's religion program. Write one way you feel your child has benefited from the program and one way you feel the program could be improved.

## Faith Summary

- Jesus Christ promises to be with us forever.

- We try to grow closer to Jesus each day.

### Creemos en Dios

Creemos en un solo Dios. Creemos que hay tres Personas en un solo Dios, el Padre, el Hijo y el Espíritu Santo. A estas tres divinas Personas le llamamos la Santísima Trinidad.

### Jesucristo es el Hijo de Dios

Jesucristo es el Hijo de Dios.
Jesús es también humano como nosotros.
Jesús resucitó de la muerte para darnos nueva vida.

### El Espíritu Santo es nuestro consolador

El Espíritu Santo se apareció a los amigos de Jesús en Pentecostés. El Espíritu Santo les dio el valor de vivir y decir a todos la buena noticia de Jesús. El Espíritu Santo nos ayuda hoy.

### Pertenecemos a la Iglesia Católica

La comunidad de los seguidores de Jesús, o discípulos, es la Iglesia. La Iglesia Católica es nuestro hogar en la familia cristiana.

### Pertenecemos a una parroquia

Nuestra iglesia es el lugar donde los católicos de nuestro vecindario se reúnen para rezar y adorar a Dios.

# UNIT 1 · REVIEW

**We Believe in God**
We believe in one God. We believe
that there are three Persons in one
God, the Father, the Son, and the
Holy Spirit. We call these three
divine Persons the Blessed Trinity.

**Jesus Christ Is God's Son**
Jesus Christ is the Son of God.
Jesus is also human, as we are.
Jesus died and rose from the dead
to give us new life.

**The Holy Spirit Is Our Helper**
The Holy Spirit came to the friends
of Jesus on Pentecost. The Holy
Spirit gave them courage to live
and tell everyone the good news of
Jesus. The Holy Spirit helps us today.

**We Belong to the Catholic Church**
The community of Jesus' followers, or
disciples, is the Church. The Catholic
Church is our home in the Christian family.

**We Belong to Our Parish**
Our parish church is the place where
Catholics in our neighborhood gather
together to pray and worship God.

# PRUEBA PARA LA PRIMERA UNIDAD

Encierra en un círculo la respuesta correcta.

**1.** Dio el Padre, el Hijo y el Espíritu Santo es la

Santísima Trinidad.     Iglesia.

**2.** Jesucristo es Dios

Hijo.                            Hermano.

**3.** La comunidad de seguidores de Jesús es la

vecindad.                    Iglesia.

**4.** El valor de vivir como seguidores de Jesús es dado por el

Espíritu Santo.          Papa.

**5.** ¿Cómo vas a demostrar que perteneces a la
Iglesia Católica?

_____

_____

Nombre _____

Su niño ha completado la primera unidad.
Devuelva esta hoja al catequista. Esta permitira
a usted y a catequista ayudar al niño a crecer
en la fe.

_____ Mi hijo necesita ayuda en las partes
del resumen que he señalado.

_____ Mi hijo entiende todo lo enseñado en esta
unidad.

_____ Me gustaría hablar con usted. Mi número
de teléfono es

_____.

_____

(Firma)

258

# UNIT 1 · TEST

Circle the correct answer.

1. God the Father, the Son, and the Holy Spirit is the

   Blessed Trinity.          Church.

2. Jesus Christ is God's

   Son.                      Brother.

3. The community of Jesus' followers is the

   neighborhood.          Church.

4. The courage to live as Jesus' followers is given by the

   disciples.                Holy Spirit.

5. How will you show that you belong to the Catholic Church?

   _____

   _____

Child's name _____

Your child has just completed Unit 1. Have your child bring this paper to the catechist. It will help you and the catechist know better how to help your child grow in the faith.

____ My child needs help with the part of the Review I have underlined.

____ My child understands what has been taught in this unit.

____ I would like to speak with you. My phone number is

_____

(Signature) _____

# REVISION DE LA SEGUNDA UNIDAD

### Dios nos ama siempre
Jesús nos dijo que Dios nos
ama siempre.
Jesús nos mostró como
amarnos unos a otros.

### Tomamos decisiones
Podemos elegir amar a Dios,
a los demás y a nosotros mismos
como Dios quiere. Los Diez
Mandamientos nos enseñan como
amar a Dios y a los demás.

### Dios nos perdona
La Iglesia celebra el perdón de
Dios en el sacramento de la
Reconciliación. Nuevamente nos
reconciliamos con los demás y con la Iglesia.

### Nos preparamos para la Reconciliación
Examinamos nuestra conciencia para
prepararnos para celebrar el sacramento de la
Reconciliación. Nos arrepentimos si hemos
pecado.

### Celebramos la Reconciliación
Podemos celebrar la Reconciliación solo con el
sacerdote. También podemos celebrarla con el
sacerdote y otros miembros de nuestra familia
parroquial.

# UNIT 2 ▪ REVIEW

## God Loves Us Always

Jesus told us that God loves us forever. Jesus showed us how to love one another.

## We Make Choices

We can choose to love God, others, and ourselves as God wants. The Ten Commandments show us how to love God and others.

## God Forgives Us

The Church celebrates God's forgiveness in the sacrament of Reconciliation. We are made friends again with one another and the Church.

## We Prepare for Reconciliation

We examine our conscience to get ready to celebrate the sacrament of Reconciliation. We are sorry if we have sinned.

## We Celebrate Reconciliation

We can celebrate Reconciliation by ourselves with the priest. We can also celebrate it with the priest and others in our parish family.

# PRUEBA PARA LA SEGUNDA UNIDAD

Encierra en un círculo la respuesta correcta.

**1.** Jesús nos enseñó como

    alejarnos de los demás.    a amarnos unos a otros.

**2.** Elegir desobedecer la ley de Dios a propósito es

    pecado.                un error.

**3.** Cuando estamos arrepentidos, Dios nos perdona

    algunas veces.        siempre.

**4.** En el sacramento de la Reconciliación, confesamos nuestros pecados

    a los demás.        al sacerdote.

**5.** Explica como puedes celebrar el Sacramento de la Reconciliation.

_____

_____

Nombre _____

Su hijo ha completado la segunda unidad. Devuelva esta página al catequista. Esto permitira a usted y al catequista a ayudar al niño a crecer en la fe.

_____ Mi hijo necesita ayuda en las partes del resumen que he señalado.

_____ Mi hijo entiende todo lo enseñado en esta unidad.

_____ Me gustaría hablar con usted. Mi número de teléfono es

_____.

_____
(Firma)

# UNIT 2 • TEST

Circle the correct answer.

**1.** Jesus showed us how to

keep away from others.    love each other.

**2.** Freely choosing to disobey God's laws is

sin.                                making a mistake.

**3.** When we are sorry, God —— forgives us.

sometimes.                      always.

**4.** In the sacrament of Reconciliation, we confess our sins

to each other.              to a priest.

**5.** Tell how you can celebrate the sacrament of Reconciliation.

_____

_____

Child's name _____

Your child has just completed Unit 2. Have your child bring this paper to the catechist. It will help you and the catechist know better how to help your child grow in the faith.

____ My child needs help with the part of the Review I have underlined.

____ My child understands what has been taught in this unit.

____ I would like to speak with you. My phone number is

_____

(Signature) _____

# REVISION DE LA TERCERA UNIDAD

## Jesús nos dio la misa

En la misa escuchamos la palabra de Dios.
El pan y el vino se convierten en Jesús mismo.
En la misa recordamos y celebramos que Jesús
vivió, murió y resucitó por nosotros. Jesús es
nuestro Salvador.

## Nos preparamos para la Eucaristía

Celebramos la Eucaristía en la misa. La misa
es nuestra gran oración de acción de gracias
a Dios.

## Celebramos la Liturgia de la Palabra

Escuchamos la palabra de Dios de la Biblia
durante la Liturgia de la Palabra. El sacerdote
o el diácono lee el evangelio y da una homilía
o sermón. En el Credo profesamos nuestras
creencias. Pedimos por nuestras necesidades
y las necesidades de los demás en la oración
de los fieles.

## Celebramos la Liturgia de la Eucaristía

En la Eucaristía, damos gracias a Dios. Por el
poder del Espíritu Santo, nuestros regalos de
pan y vino se convierten en el Cuerpo y la
Sangre de Cristo. Podemos recibir a Jesús en
la comunión.

## Somos enviados a amar y a servir

En la misa somos enviados a servir al Señor
y a los demás. Llevamos la paz y el amor de
Cristo a otros.

# UNIT 3 • REVIEW

## Jesus Gives Us the Mass
At Mass, we listen to the word of God. The bread and wine become Jesus Himself. At Mass we remember and celebrate that Jesus lived and died and rose for us. Jesus is our Savior.

## We Prepare for Eucharist
We celebrate the Eucharist at Mass. Mass is our greatest prayer of thanks to God.

## The Liturgy of the Word
We listen to God's word from the Bible during the Liturgy of the Word. The priest or deacon reads the gospel to us and gives a homily or sermon. We say what we believe in the Creed. We pray for our own needs and the needs of others in the prayer of the faithful.

## The Liturgy of the Eucharist
In the Eucharist, we give thanks to God. Through the power of the Holy Spirit, our gifts of bread and wine become the Body and Blood of Christ. We can receive Jesus in Holy Communion.

## We Are Sent to Love and Serve
At the end of Mass, we are sent to love and serve the Lord and one another. We bring the peace and love of Christ to others.

# PRUEBA PARA LA TERCERA UNIDAD

Encierra en un círculo la respuesta correcta.

**1.** Jesús nos dio su cuerpo y sangre en

Pascua.          la última Cena.          Pentecostés.

**2.** En la misa celebramos

la Eucaristía.     la Reconciliación.       el Bautismo.

**3.** En la misa escuchamos la palabra de Dios durante

la Comunión.     La Liturgia de          la entrada.
                 la Palabra.

**4.** En la Eucaristía, el pan y el vino

no cambian.      se convierten           se ponen a un lado.
                 en Jesús mismo.

**5.** Explica como puedes llevar la paz de Jesús a otros.

_____

_____

Nombre _____

# UNIT 3 · TEST

Circle the correct answer.

**1.** Jesus gave us His Body and Blood at

    Easter.        the Last Supper.        Pentecost.

**2.** At Mass we celebrate

    the Eucharist.    Reconciliation.        Baptism.

**3.** At Mass we listen to God's word during

    Holy        the Liturgy        the entrance.
    Communion.    of the Word.

**4.** At the Eucharist, the bread and wine

    stay the same.   become Jesus Himself.   are set aside.

**5.** Tell how you can bring the peace of Jesus to others.

_____

_____

Child's name _____

Your child has just completed Unit 3. Have your child bring this paper to the catechist. It will help you and the catechist know better how to help your child grow in the faith.

____ My child needs help with the part of the Review I have underlined.

____ My child understands what has been taught in this unit.

____ I would like to speak with you. My phone number is

_____

(Signature) _____

### Celebramos la primera comunión

Recibimos la comunión en la mano o la boca. Después de recibir la comunión damos gracias a Jesús por haber venido a nosotros.

### Celebramos nuestra vida con Jesús

Jesús está siempre con nosotros. Jesús está con nosotros en el sacramento de la Eucaristía.

### Jesús está con nuestra comunidad

La Iglesia da la bienvenida a todos con el sacramento del Bautismo. En el sacramento de la Reconciliación, la Iglesia da la bienvenida a los que han pecado y se alejaron del amor de Dios.

### María, nuestra madre

Dios escogió a María para ser la madre de Jesús. María es también nuestra madre.

### Jesucristo está siempre con nosotros

Jesús prometió que sus amigos vivirían con Dios para siempre en el cielo. Planificamos cada día para vivir como Jesús quiere que vivamos.

# UNIT 4 · REVIEW

## We Celebrate First Holy Communion

We receive Communion in our hands or on our tongues. After we have received Holy Communion, we thank Jesus for coming to us.

## We Celebrate Our Life with Jesus

Jesus is with us always. Jesus is with us in the sacrament of the Eucharist.

## Jesus Christ Is with Our Community

The Church welcomes everyone in the sacrament of Baptism. In the sacrament of Reconciliation, the Church welcomes back those who have sinned and turned away from God's love.

## Mary, Our Mother

God chose Mary to be the mother of Jesus. Mary is our mother, too.

## Jesus Christ Is with Us Forever

Jesus promised that His friends would live with God forever in heaven. We plan each day to live as Jesus wants us to live.

# PRUEBA PARA LA CUARTA UNIDAD

Encierra en un círculo la letra al lado de la respuesta correcta.

**1.** Nos preparamos para la comunión
   **a.** rezando y ayunando.
   **b.** comiendo un buen desayuno.
   **c.** leyendo un buen libro.

**2.** La Iglesia da la bienvenida en el sacramento de

   **a.** la Reconciliación.
   **b.** la Confirmación.
   **c.** el Bautismo.

**3.** En el sacramento de la Eucaristía
   **a.** confesamos nuestros pecados al sacerdote.
   **b.** Jesús está con nosotros.
   **c.** somos bienvenidos a la Iglesia.

**4.** Dios escogió a María para
   **a.** ser la madre del Hijo de Dios.
   **b.** celebrar los sacramentos.
   **c.** recibir la sagrada comunión.

**5.** ¿Cómo te preparas para recibir la sagrada comunión?

   _____

   _____

# UNIT 4 · TEST

Circle the letter beside the correct answer.

1. We prepare for Holy Communion by
   **a.** praying and fasting.
   **b.** eating a good breakfast.
   **c.** reading a good book.

2. The Church welcomes people in the sacrament of
   **a.** Reconciliation.
   **b.** Confirmation.
   **c.** Baptism.

3. In the sacrament of the Eucharist,
   **a.** we confess our sins to the priest.
   **b.** Jesus is with us.
   **c.** we are welcomed to join the Church.

4. God chose Mary to
   **a.** be the mother of God's Son.
   **b.** celebrate the sacraments.
   **c.** receive Holy Communion.

5. How will you prepare to receive Holy Communion?

   _____

   _____

## Señal de la Cruz

En el nombre del Padre,
y del Hijo,
y del Espíritu Santo.
Amén.

## Gloria

Gloria al Padre
y al Hijo
y al Espíritu Santo.
Como era en el principio,
ahora y siempre,
y por los siglos de los siglos.
Amén.

## Padre Nuestro

Padre nuestro, que estás en el cielo,
santificado sea tu Nombre;
venga a nosotros tu reino;
hágase tu voluntad en la tierra como en el cielo.
Danos hoy nuestro pan de cada día;
perdona nuestras ofensas,
como también nosotros perdonamos a los que nos ofenden;
no nos dejes caer en la tentación,
y líbranos del mal. Amen

## Ave María

Dios te salve María,
llena eres de gracia;
el Señor es contigo;
bendita tú eres entre todas las mujeres,
y bendito es el fruto de tu vientre, Jesús.
Santa María, Madre de Dios,
ruega por nosotros pecadores,
ahora y en la hora de nuestra muerte. Amén.

## Acto de Contrición

Dios mío,
con todo mi corazón me
arrepiento de todo el mal que
he hecho y de todo lo bueno que
he dejado de hacer.

Al pecar, te he ofendido a ti,
que eres el supremo bien
y digno de ser amado sobre
todas las cosas.

Propongo firmente, con la
ayuda de tu gracia,
hacer penitencia, no volver a
pecar y huir de las ocasiones
de pecado.

Señor, por los méritos de la
pasión de nuestro Salvador
Jesucristo,
apiádate de mí. Amén.

## Oración para la Mañana

Mi Dios, te ofrezco hoy todo
lo que piense, diga o
haga, unido a lo que aquí
en la tierra hizo tu Hijo
Jesucristo.

## Oración para la noche

Dios de amor, antes de
irme a dormir quiero
darte las gracias por
este día lleno de tu bondad y
de tu gozo. Cierro mis ojos y
descanso seguro de tu amor.

## Credo de los Apóstoles

Creo en Dios, Padre
todopoderoso,
Creador del cielo y de la tierra.
Creo en Jesucristo, su único hijo,
nuestro Señor,

que fue concebido por obra y
gracia del Espíritu Santo,
nació de santa María Virgen,
padeció bajo el poder de
Poncio Pilato,
fue crucificado, muerto y
sepultado,
descendió a los infiernos,
al tercer día resucitó de entre
los muertos,
subió a los cielos y está
sentado a la
derecha de Dios, Padre
todopoderoso.
Desde allí ha de venir a juzgar
a vivos y muertos.
Creo en el Espíritu Santo,
La santa Iglesia católica,
la comunión de los santos,
el perdón de los pecados,
la resurrección de la carne
y la vida eterna. Amén.

## Sign of the Cross

In the name of the Father,
and of the Son,
and of the Holy Spirit.
Amen.

## Glory to the Father

Glory to the Father,
and to the Son,
and to the Holy Spirit:
as it was in the beginning,
is now, and will be for ever.
Amen.

## Our Father

Our Father, who art in heaven,
hallowed be thy name;
thy kingdom come;
thy will be done on earth
as it is in heaven.
Give us this day our daily bread;
and forgive us our trespasses
as we forgive those
who trespass against us;
and lead us not into temptation,
but deliver us from evil.
Amen.

## Hail Mary

Hail Mary, full of grace,
the Lord is with you;
blessed are you among
women,
and blessed is the fruit of your
womb, Jesus.
Holy Mary, Mother of God,
pray for us sinners now
and at the hour of our death.
Amen.

## Act of Contrition

My God,
I am sorry for my sins with all my heart.
In choosing to do wrong and failing to do good,
I have sinned against you whom I should love above all things.
I firmly intend, with your help, to do penance,
to sin no more,
and to avoid whatever leads me to sin.
Our Savior Jesus Christ suffered and died for us.
In his name, my God, have mercy. Amen

## Morning Offering

My God, I offer you today all I think and do and say,
uniting it with what was done on earth by Jesus Christ,
Your Son.

## Evening Prayer

Dear God, before I sleep I want to thank you for this day so full of your kindness and your joy. I close my eyes to rest safe in your loving care.

## Apostles' Creed

I believe in God, the Father almighty,
creator of heaven and earth.
I believe in Jesus Christ,
his only Son, our Lord.

He was conceived by the power of the Holy Spirit
and born of the Virgin Mary.
He suffered under Pontius Pilate, was crucified, died and was buried.
He descended to the dead.
On the third day he rose again.
He ascended into heaven, and is seated at the right hand of the Father.
He will come again to judge the living and the dead.

I believe in the Holy Spirit,
the holy catholic Church,
the communion of saints,
the forgiveness of sins,
the resurrection of the body,
and the life everlasting.
Amen.

# ORACIÓN FINAL

**Guía:** Unámonos en oración a nuestros amigos en la fe. Este año hemos aprendido cosas maravillosas acerca de Jesús. Hemos crecido más cerca de él de dos maneras especiales— aprendiendo sobre los sacramentos de Reconciliación y Eucaristía.

**Todos:** Jesús, gracias por venir a nosotros.

**Lector:** En la Biblia Jesús nos dice: "Todos sabrán que son mis discípulos si se aman unos a otros".

Basado en Juan 13:35

# CLOSING PRAYER SERVICE

**Leader:** Let us join with our faith friends in prayer. This year we have learned many wonderful things about Jesus. We have grown closer to Jesus in two very special ways—by learning about the sacraments of Reconciliation and Eucharist.

**All:** Jesus, thank You for coming to us.

**Reader:** In the Bible Jesus tells us, "Everyone will know you are My friends if you love one another."

From John 13:35

# MI LIBRO DE LA FE CATÓLICA

**Para familia**

Al finalizar este segundo curso, celebramos con usted las formas en que su hijo ha crecido como discípulo de Jesucristo. Usted ha ayudado a su niño a aumentar su conocimiento de nuestra fe católica, incluyendo el amor por la Escritura. Usted lo ha ayudado a prepararse para celebrar los sacramentos de la Reconciliación y la Eucaristía, tal vez también para la Confirmación. Durante este año su hijo aprendió y vivió algunas verdades importantes de nuestra fe según están explicadas en el *Catecismo de la Iglesia Católica*. Por ejemplo:

**• El Credo:** Jesucristo es el Hijo de Dios. El murió en la cruz para darnos nueva vida. El Espíritu Santo vino a los amigos de Jesús en Pentecostés. Pertenecemos a la Iglesia Católica. En la Eucaristía, compartimos y celebramos la comida y el sacrificio de Jesucristo. Jesús está realmente presente en la Eucaristía.

**• Sacramentos:** Por medio del Bautismo, somos liberados del pecado, compartimos la vida y la gracia de Dios y somos bienvenidos como miembros de la Iglesia. En la Confirmación, el Espíritu Santo viene a nosotros de manera especial. En la Eucaristía somos alimentados con el Cuerpo y Sangre de Cristo y somos enviados a compartir el amor y la paz de Jesús. En la Reconciliación, celebramos el perdón de Dios.

**• Moral:** Tratamos de cumplir la Ley del Amor y los Diez Mandamientos. Tratamos de no pecar. Tratamos de amar y servir a Dios y llevar la paz y el amor de Cristo a otros.

**• Oración:** En la oración, alabamos a Dios, le damos gracias, y le pedimos ayuda y perdón. Rezamos el Padre Nuestro, el Ave María, el Acto de Contrición, el credo y muchas otras oraciones.

Continúe animando al niño a crecer en la fe asistiendo a misa en familia todas las semanas, celebrando la Reconciliación frecuentemente, leyendo la Escritura y rezando juntos.

**† Oración en familia**

Jesús, ayuda a que nuestra familia siga creciendo en la fe como tus discípulos. Que el Espíritu Santo nos ayude a elegir amar a Dios, a nosotros mismos y a los demás. Amén.

## Esto es lo que creemos …

Dios creó buenas todas las cosas y a todo el mundo. Hay tres Personas en un solo Dios; el Padre, el Hijo y el Espíritu Santo. Estas tres divinas Personas en un solo Dios es la Santísima Trinidad.

**C** Jesucristo es el Hijo de Dios. Jesús es también humano como nosotros. Jesús murió y resucitó de la muerte para darnos nueva vida.

**R**

**E**

**D** El Espíritu Santo vino a los amigos de Jesús en Pentecostés. El Espíritu Santo les dio valor para vivir la buena nueva y contarla a todo el mundo. El Espíritu Santo nos ayuda hoy.

**O**

**Pertenecemos a la Iglesia Católica. La Iglesia Católica es la comunidad de los seguidores, o discípulos, de Jesús, dirigida por el papa y los obispos.**

## Así es como rezamos …

Rezamos cuando alabamos, damos gracias, pedimos ayuda a Dios o le decimos que estamos arrepentidos.

**O** Rezamos con nuestras propias palabras o decimos oraciones especiales de la Iglesia tales como el Gloria al Padre.

**R**

**A** Jesús nos enseñó el Padre nuestro. Rezamos el saludo del ángel a María cuando rezamos el Ave María.

**C**

**I** Rezamos un acto de contrición para decir a Dios que estamos arrepentidos de nuestros pecados.

**O**

**N** Decimos en lo que creemos cuando rezamos el credo.

## Así es como vivimos…

Pedimos al Espíritu Santo nos guíe para tomar buenas decisiones.

Tratamos de cumplir los Diez Mandamientos y vivir la Ley del Amor amando a Dios, a nosotros mismos y a los demás.

**M** Seguimos las enseñanzas de Jesús amando y sirviendo a los demás.

**O** Tratamos a la gente justamente.

**R** Rezamos y damos culto en la misa. Al final de la misa, somos enviados a

**A** amar y a servir al Señor y a los demás.

**L** Pecado es desobedecer la ley de Dios a propósito. Tratamos de no pecar. Perdonamos a aquellos que nos han herido y pedimos perdón a quienes hemos herido.

Tratamos de fomentar la paz como Jesús nos enseñó.

Sacramentos son signos poderosos de que Jesús está con nosotros, compartiendo la vida y el amor de Dios.

El Bautismo nos libera del pecado, nos da la bienvenida a la Iglesia y con él recibimos la vida y el amor de Dios.

En la Confirmación, el Espíritu Santo viene a nosotros de manera especial.

En la Eucaristía damos gracias a Dios. Por el poder del Espíritu Santo, nuestros regalos de pan y vino se convierten en el Cuerpo y la Sangre de Cristo.

La Iglesia Católica celebra el perdón de Dios en el sacramento de la Reconciliación. Dios siempre nos perdona si estamos arrepentidos de nuestros pecados.

El amor de Dios por nosotros nunca termina. Podemos vivir por siempre en el

## SACRAMENTOS

En la Liturgia de la Palabra, escuchamos la palabra de Dios de la Biblia. Decimos lo que creemos en el credo. Rezamos por nuestras necesidades y por las de los demás en la oración de los fieles.

En la Liturgia de la Eucaristía, damos gracias a Dios. Por el poder del Espíritu Santo, nuestros regalos de pan y vino se convierten en el Cuerpo y la Sangre de Cristo. Recibimos el Cuerpo y la Sangre de Cristo en la sagrada comunión.

---

Así es como celebramos. . .

Celebramos el sacramento del Bautismo. Este es el sacramento que nos introduce a la vida de la Iglesia.

En el sacramento de la Confirmación, el Espíritu Santo viene a nosotros en forma especial.

Celebramos el sacramento de la Eucaristía en la misa. En la Eucaristía, compartimos el regalo de Jesús mismo. Jesús está verdaderamente presente en la Eucaristía bajo las especies de pan y vino.

Celebramos el sacramento de la Reconciliación. Confesamos nuestros pecados al sacerdote y decimos a Dios que estamos arrepentidos. Recibimos la absolución para que sean perdonados nuestros pecados.

La misa es nuestra mayor oración de acción de gracias a Dios. Es una comida y

# My Catholic Faith Book

## For the Family

As your child's second grade experience ends, we celebrate with you the ways in which your child has grown as a disciple of Jesus Christ. You have guided your child's growth in the wisdom of our Catholic faith, including a love for Scripture. You have helped prepare your child to celebrate the sacraments of Eucharist, Reconciliation, and perhaps Confirmation. During this year, your child has learned and experienced some very important truths of our faith as they are contained in the *Catechism of the Catholic Church*. For example:

**• Creed:** Jesus Christ is the Son of God. He died and rose to give us new life. The Holy Spirit came to Jesus' friends on Pentecost. We belong to the Catholic Church. In the Eucharist, we share in and celebrate the meal and sacrifice of Jesus Christ. In the Eucharist, Jesus is really present.

**• Sacraments:** Through Baptism, we are freed from sin, share in God's life of grace, and are welcomed as members of the Church. In Confirmation, the Holy Spirit comes to us in a special way. In the Eucharist, we are nourished with the Body and Blood of Christ and sent forth to share Jesus' love and peace. In Reconciliation, we celebrate receiving God's forgiveness.

**• Morality:** We try to follow the Law of Love and the Ten Commandments. We try not to make sinful choices. We try to love and serve God and bring the peace and love of Christ to others.

**• Prayer:** In prayer, we praise God, thank God, ask God for help, or tell God we are sorry. We pray the Our Father, Hail Mary, Act of Contrition, Creed, and many other prayers.

Continue to encourage your child to grow in faith by going to Mass together every weekend, by celebrating Reconciliation frequently, and by reading Scripture and praying together often.

## †Family Prayer

Jesus, help our family to continue to grow in faith as Your disciples. May the Holy Spirit help us choose to love God, ourselves, and others. Amen.

## This is what we believe . . .

God created everyone and everything good. There are three Persons in one God: the Father, the Son, and the Holy Spirit. We call the three divine Persons in one God the Blessed Trinity.

Jesus Christ is the Son of God. Jesus is also human, as we are. Jesus died and rose from the dead to give us new life.

The Holy Spirit came to the friends of Jesus on Pentecost. The Holy Spirit gave them courage to live and tell everyone the good news of Jesus. The Holy Spirit helps us today.

We belong to the Catholic Church. The Catholic Church is the community of Jesus' followers, or disciples, led by the pope and bishops.

## This is how we pray . . .

We pray when we praise God, thank God, ask God for help, or tell God we are sorry.

We pray in our own words or say special prayers of the Church, such as the Glory to the Father.

Jesus taught us the Our Father. We pray the greeting of the angel to Mary when we pray the Hail Mary.

We pray an act of contrition to tell God we are sorry for our sins.

We say what we believe when we pray the Creed.

# This is how we live . . .

We ask the Holy Spirit to guide us in making good choices.

**M** We try to follow the Ten Commandments, and we try to live the Law of Love by loving God, ourselves, and one another.

**O**

**R** We follow Jesus' teachings by loving and serving others. We treat people fairly. We are also to pray and worship together at Mass. At the end of the Mass, we are sent to love and serve the Lord and one another.

**A**

**L**

**I**

**T** Sin is disobeying God's law on purpose. We try not to sin. We forgive those who have hurt us and we ask forgiveness of those we have hurt.

**Y** We try to live as peacemakers, as Jesus taught us.

Sacraments are powerful signs that Jesus is with us, sharing God's life and love.

At Baptism we are freed from sin, welcomed into the Church, and receive God's own life and love.

In Confirmation the Holy Spirit comes to us in a special way.

In the Eucharist, we give thanks to God. Through the power of the Holy Spirit, our gifts of bread and wine become the Body and Blood of Christ.

The Catholic Church celebrates God's forgiveness in the sacrament of Reconciliation. God always forgives us if we are sorry for our sins.

God's love for us will never end. We can live forever in heaven with God.

**S**
**A**
**C**
**R**
**A**
**M**
**E**
**N**
**T**
**S**

## This is how we celebrate . . .

We celebrate the sacrament of Baptism. It is the sacrament that brings us into the life of the Church.

In the sacrament of Confirmation, the Holy Spirit comes to us in a special way.

We celebrate the sacrament of the Eucharist at Mass. In the Eucharist, we share Jesus' gift of Himself. Jesus is truly present in the Eucharist under the forms of bread and wine.

We celebrate the sacrament of Reconciliation. We confess our sins to the priest and tell God that we are sorry for them. We receive absolution and know that our sins are forgiven.

The Mass is our greatest prayer of thanks to God. It is both a meal and a sacrifice.

In the Liturgy of the Word, we listen to God's word from the Bible. We say what we believe in the Creed. We pray for our own and others' needs in the prayer of the faithful.

In the Liturgy of the Eucharist, we give thanks to God. Through the power of the Holy Spirit, our gifts of bread and wine become the Body and Blood of Christ. We receive the Body and Blood of Christ in Holy Communion.

# GLOSARIO

**Absolución** (Página 106)
Oración con la que el sacerdote comparte el perdón de Dios con nosotros.

**Adviento** (Página 124)
Nombre que damos a las cuatro semanas antes de la celebración del nacimiento de Jesús en Navidad. Continuamos esperando hasta la segunda venida de Jesús.

**Bautismo** (Página 30)
Sacramento que nos libra del pecado, nos hace hijos de Dios y miembros de la Iglesia.

**Biblia** (Página 66)
En libro donde leemos la palabra de Dios.

**Confirmación** (Página 50)
Sacramento por medio del cual el Espíritu Santo viene a nosotros de manera especial.

**Contrición** (Página 96)
La palabra contrición significa "dolor". El Acto de contrición es una oración especial a Dios de "arrepentimiento".

**Credo** (Página 162)
Oración en la que expresamos nuestras creencias.

**Cristianos** (Página 30)
Seguidores de Jesucristo.

**Cuaresma** (Página 190)
Tiempo especial antes de la Pascua de Resurrección. Rezamos y tratamos de crecer como seguidores de Jesucristo.

**Diez Mandamientos** (Página 86)
Leyes que nos dicen lo que Dios quiere que hagamos, nos ayudan a obedecer la Ley del Amor y a vivir por el reino de Dios

**Domingo de Pascua** (Página 198)
El día en que celebramos la resurrección de Jesús para darnos nueva vida.

**Espíritu Santo** (página 76)
La tercera Persona de la Santísima Trinidad.

**Eucaristía** (Página 150)
La palabra *eucaristía* significa "dar gracias". Es el sacramento en el que recibimos el cuerpo y la sangre de Cristo.

**Evangelio** (Página 162)
La buena nueva del amor de Dios y dada a nosotros por Jesucristo, el Hijo de Dios.

**Examen de conciencia** (Página 104)
Una forma de prepararnos para el sacramento de la Reconciliación. Nos preguntamos si hemos vivimos como discípulos de Jesús.

**Iglesia Católica** (Página 38)
Los bautizados que siguen a Jesucristo unidos por el Espíritu Santo bajo la dirección del papa y los obispos.

**Jesucristo** (Página 18)
El Hijo de Dios y el hijo de María.

**Ley del Amor** (Página 74)
La Ley del Amor es que debemos amar a Dios con todo nuestro corazón y al prójimo como a nosotros mismos.

**Liturgia de la Eucaristía** (Página 170)
La segunda parte de la misa en la que damos gracias a Dios. Nuestras ofrendas de pan y vino se convierten en el Cuerpo y la Sangre de Cristo.

**Liturgia de la Palabra** (Página 160)
La primera parte de la misa en la que escuchamos la palabra de Dios de la Biblia.

**Misa** (Página 142)
Nuestra celebración de la comida y sacrifico de Jesús. En la misa escuchamos la palabra de Dios y compartimos el Cuerpo y la Sangre de Cristo.

**Navidad** (Página 132)
Día en que celebramos el nacimiento de Jesús, (25 de diciembre).

**Obispo** (Página 38)
Es el líder de una diócesis.

**Papa** (Página 38)
La cabeza de la Iglesia Católica.

**Parroquia** (Página 48)
Nuestro hogar especial en la Iglesia Católica donde juntos rezamos y celebramos los sacramentos y compartimos nuestra fe.

**Pecado** (Página 86)
El acto de elegir libremente hacer lo que sabemos es malo. Desobedecemos la ley de Dios a propósito.

**Penitencia** (Página 106)
Algo bueno que hacemos o alguna oración que decimos para mostrar nuestro arrepentimiento.

**Reconciliación** (Página 94)
Sacramento por medio del cual celebramos la misericordia de Dios y el perdón de nuestro pecados.

**Rezar** (Página 58)
Es hablar y escuchar a Dios.

**Sacramento** (Página 50)
Un signo poderoso con el que Jesús comparte la vida y el amor de Dios con nosotros.

**Sagrada comunión** (Página 140)
El Cuerpo y la Sangre de Cristo.

**Santísima Trinidad** (Página 10)
Tres Personas en un solo Dios: el Padre, el Hijo y el Espíritu Santo.

**Santísimo Sacramento** (Página 220)
Hostias consagradas que no han sido usadas en la misa y que son guardadas en el tabernáculo. Jesús está realmente presente en el Santísimo Sacramento.

**Tabernáculo** (Página 220)
Un lugar especial en nuestra iglesia donde se guarda al Santísimo Sacramento.

# GLOSSARY

**Absolution** (page 107)
The prayer of the priest sharing God's forgiveness of our sins.

**Advent** (page 125)
The name we give to the four weeks of waiting time before celebrating Jesus' birth at Christmas. We continue to wait until Jesus comes again.

**Baptism** (page 31)
The sacrament by which we are freed from sin, become children of God and members of the Church.

**Bible** (page 67)
The book in which we read the word of God for our lives.

**Bishop** (page 39)
A bishop is the leader of a diocese.

**Blessed Sacrament** (page 221)
The consecrated hosts left over from Mass kept in the tabernacle. Jesus is really present in the Blessed Sacrament.

**Blessed Trinity** (page 11)
The three Persons in one God: the Father, the Son, and the Holy Spirit.

**Catholic Church** (page 39)
The baptized followers of Jesus Christ who are joined together by the Holy Spirit under the leadership of the pope and bishops.

**Christians** (page 31)
Followers of Jesus Christ.

**Christmas Day** (page 133)
The day (December 25) we celebrate the birth of Jesus.

**Confirmation** (page 51)
The sacrament in which the Holy Spirit comes to us in a special way.

**Contrition** (page 97)
The word *contrition* means "sorrow." The Act of Contrition is a special prayer for saying "I am sorry" to God.

**Creed** (page 163)
A prayer that tells what we believe.

**Easter Sunday** (page 199)
The day we celebrate Jesus' rising from the dead and giving us new life.

**Eucharist** (page 151)
The word *Eucharist* means "to give thanks." It is the sacrament in which we receive the Body and Blood of Christ.

**Examination of Conscience**
(page 105)
A way to prepare for the sacrament of Reconciliation. We ask ourselves if we have been living as disciples of Jesus.

**Gospel** (page 163)
The good news that God loves us and gives us Jesus Christ, the Son of God.

**Holy Communion** (page 141)
The Body and Blood of Christ.

**Holy Spirit** (page 77)
The third Person of the Blessed Trinity.

**Jesus Christ**  (page 19)
The Son of God and the Son of Mary.

**Law of Love**  (page 75)
The Law of Love is "You must love God with all your heart. You must love others as yourself."

**Lent**  (page 191)
The special time before Easter. We pray and try to grow as followers of Jesus Christ.

**Liturgy of the Eucharist**  (page 171)
The second part of the Mass in which we give thanks to God. The bread and wine that we offer become the Body and Blood of Christ.

**Liturgy of the Word**  (page 161)
The first part of the Mass in which we listen to God's word from the Bible.

**Mass**  (page 143)
Our celebration of Jesus' special meal and sacrifice. At Mass we hear God's word and share the Body and Blood of Christ.

**Parish**  (page 49)
Our special home in the Catholic Church where we come together to pray, to celebrate the sacraments, and to share our faith.

**Penance**  (page 107)
Something good we can do or prayers we can say to show we are sorry for our sins.

**Pope**  (page 39)
The leader of the whole Catholic Church.

**Prayer**  (page 59)
Prayer is talking and listening to God.

**Reconciliation**  (page 95)
The sacrament in which we celebrate God's mercy and forgiveness of our sins.

**Sacrament**  (page 51)
A powerful sign in which Jesus shares God's life and love with us.

**Sin**  (page 87)
The act of freely choosing to do what we know to be wrong. We disobey God's law on purpose.

**Tabernacle**  (page 221)
A special place in our parish church where the Blessed Sacrament is kept.

**Ten Commandments**  (page 87)
Laws that tell us what God wants us to do, help us obey the Law of Love, and live for God's kingdom.